# グローバル化時代の地方自治体産業政策

藤原 直樹 著

追手門学院大学出版会

# 目　　次

**第1章　グローバル競争環境における地方自治体の役割** ……………… 1

　Ⅰ　グローバル化と地域の競争力確保 ………………………………… 1

　Ⅱ　地方自治体が主体となる持続的な地域経済の発展 ……………… 3

　Ⅲ　地方自治体による国際的な地域産業政策の課題 ………………… 6

　Ⅳ　本書の構成 …………………………………………………………… 8

**第2章　地方自治体の国際的な地域産業政策に関する理論** ……… 11

　Ⅰ　は じ め に　―地域産業政策とその変遷― ……………………… 11

　Ⅱ　イノベーションを生み出すクラスターの連携 ………………… 14

　Ⅲ　クラスター連携のネットワーク構造 …………………………… 17

　Ⅳ　スマートスペシャリゼーションと都市ネットワーク ………… 20

　Ⅴ　クラスター連携に関する研究の整理 …………………………… 22

　Ⅵ　地方自治体によるクラスター連携の理論的検討 ……………… 24

　Ⅶ　国際的なクラスター連携の分析視角 …………………………… 28

　Ⅷ　お わ り に …………………………………………………………… 30

**第3章　地方自治体による国際的な地域産業政策の変遷**

　　　　**―地方自治体の海外拠点立地と国際戦略研究―** ……………… 35

　Ⅰ　は じ め に …………………………………………………………… 35

　Ⅱ　地方自治体による海外拠点立地の分析視角 …………………… 36

　Ⅲ　地方自治体海外拠点の立地展開の特徴 ………………………… 39

　Ⅳ　地方自治体国際戦略の事例分析 ………………………………… 50

　Ⅴ　お わ り に …………………………………………………………… 55

**第4章　国際的な政府間関係構築による地域産業政策**

　　　　**―地方自治体による上下水道事業の海外展開研究―** …………… 61

iv　目　次

　　Ⅰ　は じ め に ……………………………………………………………… 61
　　Ⅱ　地域産業政策としての上下水道事業海外展開 ………………………… 62
　　Ⅲ　事例研究　大都市地方自治体による上下水道事業海外展開 ……… 66
　　Ⅳ　お わ り に ……………………………………………………………… 73

## 第5章　一時的な産業集積を活用したゲートキーパーの役割
### ―地方自治体の国際見本市出展研究― …………………………… 81

　　Ⅰ　地域産業政策としての国際見本市出展 ………………………………… 81
　　Ⅱ　国際見本市出展の理論的検討 …………………………………………… 82
　　Ⅲ　国際見本市出展の事例分析 ……………………………………………… 86
　　Ⅳ　国際見本市出展の目的と運営形態 ……………………………………… 95
　　Ⅴ　お わ り に ……………………………………………………………… 98

## 第6章　今後のクラスター連携の方向性
### ―欧州のクラスター政策とアジアにおける国際分業― …………… 101

　　Ⅰ　欧州におけるクラスター連携の潮流 …………………………………… 101
　　Ⅱ　EUにおけるスマートスペシャリゼーション ………………………… 103
　　Ⅲ　欧州地方自治体の国際的な地域産業政策 ……………………………… 112
　　Ⅳ　地方自治体によるクラスター連携の課題 ……………………………… 116
　　Ⅴ　アジアにおけるクラスター連携の展望 ………………………………… 118

## 第7章　地方自治体による国際的な地域産業政策の展開 ……… 127
　　Ⅰ　各章のまとめ …………………………………………………………… 127
　　Ⅱ　地方自治体による国際的な地域産業政策の意義と展望 …………… 130
　　Ⅲ　地方自治体の国際的な地域産業政策研究のまとめと課題 ……………… 134


参 考 文 献 ……………………………………………………………………… 141

初 出 一 覧 ……………………………………………………………………… 150

あ と が き ……………………………………………………………………… 151

索　　　引 ……………………………………………………………………… 153

## 第1章

# グローバル競争環境における
# 地方自治体の役割

## I グローバル化と地域の競争力確保

　本書の主題は，グローバル競争環境において，地方自治体がその地理的
管轄地域を越えて実施する産業政策（国際的な地域産業政策）の実践を総
合的に考察し，地域産業政策研究あるいはクラスター研究における理論を
補うことである[1]．グローバル化の進展は私たちの社会に大きな影響を与
えている．運輸手段の発展，インターネットなど情報技術の開発と普及，
国際的な関税および非関税障壁の撤廃が進展し，世界の様々な地域で開
発・生産される優れた製品やサービスが国境を越えて安易に入手できるよ
うになっている．

　世界的な分業構造の中で，企業は製品やサービスのコンセプトを検討
し，研究開発を行い，原材料を入手して中間財を生産し，最終製品に仕上
げ市場に供給し，アフターサービスを行うという一連の業務プロセスをグ
ローバルな観点から最適地で行おうとしている．

　これまで地理的な距離や国家による規制，あるいは文化や慣習の違いに
よってある程度分離されていた市場が急速に統合・同質化されているため，
それぞれの地域は，新たに出現した世界の競合相手との熾烈な競争にさら
される[2]．地域に固着して生活する人々にとって，海外からの需要や技術
導入による急速な成長が期待される半面，産業構造の変化による雇用の喪

失等のリスクに直面する可能性がある.

　このようなグローバリゼーションが地域にもたらす不安定要素に対抗して，持続可能な経済を実現するために，地域としては競争力を確保する必要があるが，その際には第一に，地域を企業等が集積して相互に競争と協力を行っているクラスターとして捉えて，それを発展させることが重要である．そして第二に，今日の社会はグローバル化とともに知識経済化が発展しており，イノベーションを地域で生み出すという観点も重要である．

　グローバルな企業間取引が拡大するなか，それぞれの地域は，多国籍企業による地球レベルの国際分業ネットワークの中に自らの地域を戦略的に配置し，多国籍企業が世界レベルで各地域や都市の立地環境を比較検討するなかでのリストの上位に選ばれることをめざす[3].

　また，多国籍企業の拠点立地を求める地域間競争は激しくなっており，土地の提供や税制優遇等の多大なインセンティブを備えても，中長期にわたって誘致された企業が立地し続ける保証はない．そこで，クラスターにおいてイノベーションが創出される環境を整備することで，新しい商品やサービスが生まれ，その結果として地域産業の競争力が高まり，既存の企業の成長や新たな企業の立地により雇用や所得の維持拡大につながることも求めていく必要がある．

　クラスターの成長に関する議論において，近年はクラスター内部の企業間の連携に関する分析では不十分であり，地域外の企業や機関との連携に注目する必要があるという研究が進んでいる．すなわち，イノベーションを創出するためにはある地域における多様な知識の蓄積が必要であり，新たな知識やアイディアがその地域に流れ込むシステムを構築する必要がある．それは，あるクラスターと距離的に離れたクラスターが何らかの形で連携し，相互の知識交流でもってそれぞれの地域でイノベーションが起こることを制度的に確保することである．

## II　地方自治体が主体となる持続的な地域経済の発展

　地域においてその利益を代表し主体的に経済振興の施策を実施する必要性が最もあるのは地方自治体である．資本の論理のもと企業は事業活動をいかなる場所で行ってもよく，その発祥の地であるといった過去からの経過に依拠するところは多いものの，地理的に移転することは自由である．また，中央政府は，その国の規模にもよるが非常に大きな地理的空間を管轄する場合もあり，国全体としての競争力は維持したいとするものの，特定の地域について積極的に支援する理由はない．

　一方，地方自治体はその存立目的から地域に固着しており，グローバルな都市・地域間競争のなかで，地域の雇用を守り持続的な経済発展を維持するという観点から施策を実施することが求められる．

　Porter（1998）は，グローバルな「従来の立地概念を超えた新しい競争関係」のもとでは「クラスターの重要性を認め，経済政策の権限は本質的に中央政府ではなく地方自治体の手にあるべき」，「国家・州・都市など各レベルの政府は，事業環境全般やクラスターに対して重要な影響を与える．全国レベルでの政策では最低限の水準にとどめ，公共投資の判断はより小さな地理的レベルに任せるべきである」としている（Porter，1998，竹内訳，1999，pp. ii，iii，146）．

　日本の各地方自治体においても，地域の活性化のために海外との交流を活発化させる取り組みを実施することは不可避となっている．そこで，今後の地方自治体による産業政策の，特に海外や地理的に遠く離れた場所との交流を目的とするものを研究することは意義があると考える[4]．

　なお，本書における「国際的な地域産業政策」とは，地方自治体による地域産業の振興を目的として行う政策で，地理的空間として海外を中心に地理的に遠く離れた場所との交流に関わるものと定義しておく[5]．

地域を対象とする産業政策については，テクノポリス計画や産業クラスター計画など国を主体とする取り組みと，地方自治体を主体とする企業誘致や新産業の創出，中小企業振興などがあり，それぞれに関する研究が蓄積されているが，本書でテーマとする地方自治体による国際的な地域産業政策については，既存研究ではほとんど取り上げられていない．

そもそも，これまでの国際経済に関する様々な分析は，多国籍企業論や国際政治論といった観点から分析されている．そこでは，国際経済におけるダイナミズムの主体となるのは多国籍企業や国家であり，それら企業の国境を越えたビジネス活動については国際経営論や貿易論として，多国籍企業の生産拠点や営業拠点の世界的な配置の論理については国際立地論あるいは産業立地論として論じられてきた．

しかし，グローバルな競争環境において国際経済のアクターとなるのは企業や国家だけではない．特に地域が持続可能な成長を実現するという観点から，よりいっそう大きな役割を果たす主体は地方自治体であると考える．それは，地方自治体がその管轄する地域のために，国際的な観点から自らの強みと弱みを理解したうえで戦略を構築し，保有する地域の資源を海外に向けて展開し，戦略的にパートナーとの関係を構築したうえで事業を実施する．そして，事業を効果的に行うために海外に拠点を立地するような取り組みである．

このような地方自治体の活動は公共的な政策・施策の実施であり，企業の営利を目的とした経営活動とは異なるものである．しかし，地方自治体も地域における公益の最大化をめざして活動する主体であり，本書ではそのような「地方自治体の活動」について企業を分析するのと同じように研究対象とするものである．

グローバルな経済発展とともに，欧州連合のような地域経済の統合の取り組みや，関税引き下げと経済の自由化をめざす自由貿易協定（FTA）や経済連携協定（EPA），環太平洋パートナーシップ協定（TPP）の取り組みのもと，経済の盛衰や競争優位を図る単位としては国から地域あるいは都

市に変わろうとしている.

　さらに，知識が価値を生み出す知識経済へと移行するなかで，イノベーションを創出することが競争優位を構築するうえで重要な要素になっている．また，生命科学や医療，環境保全といった公益性の高い分野は今後将来性が高いビジネスと見込まれるところ，地方自治体という公共団体の事業分野とも密接に関わってくる．

　以上のような経済社会環境のもと，地域を代表する地方自治体はどのような経済活性化の取り組みをしているのか，あるいは対応を迫られているのか．経済のグローバル化によるプレッシャーのもと，地方自治体という組織が地域の持続可能な成長のために行う取り組みは，そのプレッシャーがないときと比べて何らかの形で異なっているはずである．

　図1-1のように，グローバル競争環境において，地方自治体がこれまで行ってきた施策は改廃され，新たな施策が創造される．そこで，地方自治体がどのような取り組みを行っているのか，それはどのような理由に基づくものなのかを，本研究を通じて明らかにしたい．

　なお，地方自治体の産業政策として，筆者はすでに研究分析が進んでい

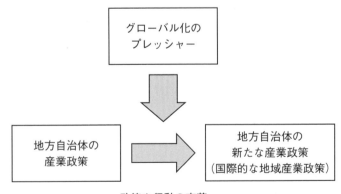

**図1-1　グローバル競争環境における地方自治体の産業政策の変化**
出所）筆者作成．

る中小企業支援施策などもそれぞれの地域経済の活性化にとって有効であると考える．地方自治体のみによってグローバル化にかかる地域のすべての問題が解決できるわけではない．そもそも，国が有する通貨発行権限による通貨量の増減といった金融政策を地方自治体が行うことはできず，政策実施のために活用できる資源も中央政府に比べて限られている．

　その点で，地方自治体が地域経済の持続的発展のために行う施策の有効性には一定の限界があることは認めざるを得ないが，それでも，このグローバル化が進む社会経済のなかで，地方自治体が行う国際的な地域産業政策が今後いっそう重要になると考えるものである．

## Ⅲ　地方自治体による国際的な地域産業政策の課題

　本書では「地方自治体が地域外の様々な資源やアクターとどのように関係を構築し，地域におけるクラスターの持続可能な成長の糧としていくか」という問題意識のもと，「地方自治体が海外をはじめ，地理的にその管轄する地域を越えて，地域経済の振興のための施策を実施する」ことを考察していく．そこから導かれる本書の研究課題は次の三つからなる．

(1) 地方自治体による国際的な地域産業政策について，その理論的な考察を深めること．

(2) 地方自治体のこれまでの国際的な事務事業について国際的な地域産業政策という観点から分析すること．

(3) 地方自治体の国際的な地域産業政策の実践にかかる組織形態や地域外との連携の手法について整理すること．

　(1) について，本書では主として従来の地域産業政策研究およびクラスター研究の観点から，地方自治体がなぜ国際的な地域産業政策を実施する必要があるのか検討する．これは理論研究であり，上記の分野の過去の主

要な理論をサーベイするとともに，関連する理論としてネットワーク論や地域イノベーション論にも言及する．これにより，本書の地方自治体による国際的な地域産業政策の研究が，これまでの地域産業政策研究あるいはクラスター研究に対して理論的な貢献ができることを明らかにする．

(2) について，地方自治体ではすでに中小企業の海外販売促進支援，姉妹都市提携や地域国際化といった観点より国際交流に関する事務事業を実施しているが，日本の地方自治体がいつからどのような地域と交流してきたのか，その内容はどのようなものであるかについて，国際的な地域産業政策の観点から確認する．

地方自治体による国際的な地域産業政策は，近年いっそうのグローバル化によって必要性が高まっているが，グローバル化それ自体は突然の現象として現れたものではなく，過去数十年を通じ一貫して社会経済の潮流として存在する．そこで，この分野の地方自治体の役割を論ずるにあたっては，これまで日本の地方自治体がどのようにして海外に接してきたのかを明らかにすることにより，地方自治体の国際的な地域産業政策という枠組みから，より精緻な議論ができるとともに，今後の方向性についても示唆が得られる．

最後に (3) について，地方自治体による国際的な地域産業政策の研究は，社会の新たな変化について検討を加えるものである．そこで，単に理論的で抽象的な考察にとどまらず，実践面において地方自治体がクラスターの国際的な外部連携を主導するには，どのような組織形態でもって，その地域においてはどのようなアクターと協働し，どのような海外のアクターと連携を図るのかを明らかにすることにより，その理論の応用可能性が高まる．

本書が単に過去の地方自治体の取り組みを説明するだけではなく，今後の地方自治体における地域産業政策の形成を検討する際に依拠する理論となるためにも，地方自治体による国際的な地域産業政策の実践について，事例研究による現実的で具体的な検証が必要である．そして，それぞれの

事象を深く考察する，あるいはいくつかの地方自治体の取り組みを比較することにより，より一般的な理論の確立を求めるものである．

# Ⅳ 本書の構成

　本書では第2章で，研究課題の第一である地方自治体の国際的な地域産業政策についての理論を検討する．そこでは，地域産業政策とクラスターの先行研究の蓄積を確認するとともに，クラスター間の連携が行われる際のネットワーク構造について考察する．

　次に第3章では，研究課題の第二である地方自治体がこれまでどのような目的でどのような海外の地域と連携してきたか，それが近年はどのように変化しているのか．日本の地方自治体の海外拠点と国際戦略を題材として統計資料分析と事例研究の方法により検討する．

　第4章では，理論研究で整理したグローバルパイプラインやGovernment to Governmentの概念と，地方自治体による国際的な地域産業政策との関係をより明確化するため，事例研究として大都市地方自治体による水ビジネスの海外展開について検討する．

　第5章では，理論研究で整理したゲートキーパーという概念を検証するため，事例研究として地方自治体による国際見本市への出展を取り上げる．これら第4章と第5章により，研究課題の第三であった，地方自治体の国際的な地域産業政策の実践にかかる組織形態や連携の手法について，すなわち，グローバルパイプラインあるいはゲートキーパーとして，地方自治体が地域を代表して海外や地理的に遠く離れた場所にいるアクターと交流することについて分析を行う．

　第6章では，欧州の地域政策において重要な概念となっているスマートスペシャリゼーションについて詳細に検討し，欧州の地方自治体を中心と

する事例を参照することで，地方自治体による国際的なクラスター連携に関する政策的なインプリケーションについて考察するとともに，アジアにおける国際分業の発展において地方自治体がどのような取り組みが可能かを論じる．

　そして最後の第7章では，本書のまとめと今後の課題について述べる．

　なお，本書で研究対象とする地方自治体は，都道府県レベルの広域地方自治体および政令指定都市，東京都特別区とし，市町村レベルの基礎自治体は除いている．地方自治体で，このような比較的大規模なものを研究対象として取り上げる理由は，本書では地域産業政策としての国際面の取り組みについてクラスターの観点から評価することに主眼を置いているためである．Porter（1998）はクラスターの地理的範囲について，事業拠点の間が200マイル以下程度の，人々が直接会って交流できる範囲が目安であると述べている（Porter, 1998, 竹内訳, 1999, p. 114）．その空間的広さであれば市町村レベルの基礎自治体では面積的に狭い場合が多く，一方で，北海道，関東，九州といったより広域的な枠組みでは広すぎることから，広域地方自治体あるいは大規模都市自治体程度の空間的距離を有する範囲をその調査対象とすることが研究方法として合理的であると考えたものである．

**注釈**
1) 地方自治体について，地方自治法などの法律では一般的に地方公共団体と表記される．本書では清成（1986）と同じく，中央政府と対比され，都道府県である広域自治体と市町村である基礎自治体の両方を含む概念として地方自治体という表記を用いる．（清成, 1986, pp. 1-7）．
2) D'Aveni（1996）は，グローバル化により企業の競争ルールに根本的な変化がもたらされ，不確実な新興国市場，多様な世界の競争相手，急速な技術の変化，広がる価格競争は，20世紀とは異なるハイパーコンペティションの状況にあると論じている．
3) 都市・地域間競争についてPorter（1998）は，都市・州・地域，さらには近隣諸国グループによる「多くの立地にまたがる競争」とした（Porter, 1998, 竹内訳, 1999, p. 243）．Dicken（1998）は，国家には「競争者」としての役割があり，各国は富の最大化をめざして投資に対する市場シェアを獲得するために競争する．投資企業に対して，会計上・財務上の優遇措置を提供するなどの価格競争と，立地地点のもつ戦略的

特性，業務環境としての魅力，高質の労働力の提供などの差別化競争を行っていると指摘した（Dicken，1998，宮町ほか訳，pp. 97-107，351-358）．また，田坂（2005）は，都市間競争とは立地条件の競争優位をめぐる競争であると定義し，グローバリゼーションによりモノ・カネ・ヒトの流れは都市間のネットワークに沿って動くようになり，都市は競争的行為者として立ち現れ，そのフローの結節点を確保すべく「場所をめぐる勝ち抜き戦」に参戦すると論じた（田坂，2005，pp. iii-vi）．なお，本書における都市間競争の単位となる都市の領域については，Scott（2001）のグローバル都市地域や田坂（2005）の拡大メガ都市圏と同等に，都心だけでなく郊外の都市圏域や外縁部を含めたものとして扱う．

4) 似田貝ほか（2006）は，今日の都市政策の課題を (1) 市場経済化と産業構造転換のもとで，都市の経済的活力，競争力をいかに保持していくか（競争力問題），(2) 新保守主義やナショナリズムが台頭するなか，社会的排除や貧困の問題回避をいかに達成するか（社会的統合問題），(3) 環境的制約，財政的制約が強まる都市で，持続可能な建造環境・社会空間をいかに実現し，かつ創造性をいかに保持するか（持続性問題）に分類している（似田貝ほか，2006，pp. 52-53）．

5) 本書では国際的な地域産業政策として，規制緩和やインセンティブによる外資系企業誘致，外国人観光客誘致などを論じることができなかった．今後の研究課題としたい．

# 第2章

# 地方自治体の国際的な地域産業政策に関する理論

## I　はじめに　―地域産業政策とその変遷―

　地方自治体が地域の持続可能な成長を推進する主体であり，そのためにはクラスターの外部連携を促進させる必要があるという第1章での問題提起を受けて，第2章では研究課題の第一である地方自治体の国際的な地域産業政策の理論的側面を検討する．ここでは地域産業政策とクラスターの先行研究の論点を整理するとともに，クラスター間のグローバルな連携が行われる際のネットワーク構造について考察する．

　地域経済の発展を目的とする地域産業政策において，国である中央政府はマクロ的な観点から地域間の資源配分を変更したり，地域格差の是正を図るのに対し，地方自治体は地域の側の利害によって地域内で産業間の資源配分を変更したり，特定産業振興のためにインフラ整備などを行う．

　地方自治体による地域振興の施策としては，道路，港湾，下水道など地域の企業が操業しやすい環境を整える事業と，より積極的には企業誘致のための工業団地の造成といった取り組み，中小企業支援，地域の人材育成といった施策が想定されるほか，特定産業の発展を支援するための補助金や税制上の優遇措置，人材の優先的供給などを行う場合もある．

　清成（2010）は，地域振興政策について，市場経済を軸にして経済が運営されるなかで生まれる「市場の失敗」を解決するための政策であるとし，

地方自治体による政策形成の前提としてどのような地域にするか明確なビジョンがなければならないとした．国境を越えてグローバルに展開するような地域連携によるパワーアップも重要な政策課題であり，グローバルな視点から地域を相対化するといった，新しい切り口により独自の新しい価値を創造することが望ましく，地域間の競争が強まっていることは確かであるが，同時に地域間交流を通じて政策形成ノウハウを高いレベルに標準化することも必要であると述べた（清成，2010，pp. 52-54）．

　本多（2012）によれば，地方自治体の地域経済振興策は，施策実態としては地方自治体が企業活動に対する支援を行うことであり，いわゆる「商工施策」を中心に行われてきた．具体的な商工施策の事例としては，経営相談，技術相談・試験分析・設備開放，融資・信用保証，各種助成（補助金），表彰，セミナー開催，見本市開催，企業交流会開催，情報誌やウェブサイト等による情報提供・情報発信，企業情報データベース構築，ビジネスマッチング，企業間連携支援，海外・国際化関連情報提供，研修，インターンシップ，インキュベーション施設提供，用地造成・分譲・貸与，公設市場の開設，商店街の整備，企業誘致・創業促進のための減税がある．また，商工施策以外にも，道路・港湾・空港など社会資本整備，商業ビル・地下鉄建設による空間の立体化，娯楽施設・集客施設の建設といった産業基盤整備や，用途地域変更，容積率緩和，中小企業振興基本条例制定などがある（本多，2012，pp. 220-221）．

　安東（1986）が，日本の地方は大企業の企業内分業システムが地方へ外延的に拡大することを受けて発展してきたと指摘するように，1970年代に国の施策として地域間の格差解消や都市部の過密化の解消，公害の緩和を目的に，都市部から地域への工場等の移転が推奨された．また，地方としても都市部に本社を有する大企業の工場を誘致することによる雇用の確保を期待してきた．このとき，地方自治体に求められた地域産業施策は，道路や上下水道を整備し，工場の立地しやすい工業団地を造成するなどのインフラ整備であった．

その後，1990年以降には日本経済の低成長と大企業のアジアへの生産拠点の移転が進み，地方への工場立地の動きは鈍化し，現在の日本はフルセット型産業構造を維持することができなくなってきた．関 (1993) が指摘するように，日本国内で完結した生産分業構造から東アジア全体を範囲とした分業構造への構造変化により，城下町的工業集積の解体が進み，グローバルな地域間の競合が激化している．工業発展の著しいアジア諸国との相互依存関係への移行と，フルセット構造から国際的な生産ネットワークへの転換が求められてきた．このような社会経済の変化を受けて，地方自治体が行う地域産業政策は，それまで中心的に行っていた工場団地などの基盤整備に加えて，産学公の連携による新産業の育成，中小企業の振興を積極的に行うようになった．

2000年代以降は，地域においてイノベーションを生み出すことを目的として，経済産業省による産業クラスター計画と文部科学省の知識クラスター創成事業が実施されてきた．このクラスターの観点を捉えた地域産業政策は中央政府により実施されたものであるが，クラスターにおけるイノベーションを起こすことに政策として着目している点が注目される．

地域産業政策に関する先行研究において，清成 (1986)，長谷川 (1998)，植田・立見編 (2009)，伊藤 (2011)，伊東・柳井編 (2012) などは共通して，産業集積の構造は多様であり，その競争優位の確保のための一般的な解答というものはなく，それぞれの地域の資源や技術，風土にふさわしい産業や企業を生み出す政策が必要であると論じている．

その中でも植田・立見編 (2009) は，地域経済をデザインしコーディネートする役割を地方自治体が持つことが従来以上に重要になっていると指摘している．また，今日の新たな地域産業政策は，地域の経済循環を活性化させグローバルな関係を持つと同時にある程度自立的な地域経済を創造するものでなければならないと論じ，地域産業政策として地方自治体が地域における多様な主体の調整を行うことに注目している (植田・立見編，2009，p. 4，26)[6]．

## II　イノベーションを生み出すクラスターの連携

　本節では，クラスター研究に関する先行研究を整理する．クラスター研究は，イノベーションの源泉を地域のクラスターにあるとし，その中での企業間の競争と協働の関係に注目したPorter（1998）の地域の競争優位の研究をはじめ，山﨑編（2002），Maskell（2001），Martin and Sunley（2003），二神・日置編（2008），藤田ほか（2009），松原編（2013）ほか数多くある．

　Porter（1998）は，地域の競争力を高めるものとしてクラスターを取り上げ，地域内の企業による競争と協調が地域におけるイノベーションを生み出すとした．そして，「グローバル経済において持続的な競争優位を得るには，多くの場合非常にローカルな要素，つまり専門家の進んだスキルや知識，各種機関，競合企業，関連ビジネス，レベルの高い顧客などが一つの国ないし地域に集中していなければならない」，その理由は「地理的，文化的，制度的な意味の近さによって，特別なアクセスや関係，充実した情報，強いインセンティブなど，遠隔地にいては太刀打ちしにくい生産性や生産性の成長という点での優位が得られる」からで「立地は今も重要である」と指摘した（Porter，1998，竹内訳，1999，pp. 120-121）[7]．

　クラスターの観点から地域の競争力を検討するアプローチの新しさについて，石倉ほか（2003）は五つの特徴を整理した．それは第一に，ボーダレス化のなかでマクロ政策のみでは十分でなく，ミクロの事業環境に焦点を当てて，その競争力を向上しなくてはならないこと，第二に，地域，国，都市など「事業環境」という一つの単位を経済活性化の有力な分析単位としていること，第三に，日本や欧米のような先進経済では，イノベーションこそ競争力の源泉となることを強調しており，クラスターが有効なこと，第四に，クラスターには政府や一企業，大学などの単一の組織ではなく，多様な組織が関与すること，第五に，競争と協調がいずれも存在し，それ

が相乗効果をもたらすことである（石倉ほか，2003，p. iv）.

　このように多数の企業がある地域内に集積すると，企業間で取引される製品の輸送費が軽減され，特殊な中間財や専門的なサービスに対する最低限の需要と，特殊な技能を持った労働者が確保される．そして，労働市場が地域内で発達し，労働者の移動が企業間で行われることや，非公式な情報交換の場が異なる企業に勤める労働者の間で設けられることで，企業間の情報の伝達が進む結果，異なる情報の結びつきによる新しい知識の生産も活発になり，結果としてクラスターの競争力が高まる[8].

　クラスターの成長に関する議論について，Amin and Thrift（1992），Markusen（1996），Humpherey and Schmitz（2002），MacKinnon et al（2002），Coe et al（2004），Wolfe and Gertler（2004），Trippl et al（2009），Eisingerich et al（2010）は，クラスター内部の企業間の連携の分析では不十分であり，地域外の企業や機関との連携に注目する必要があると論じている[9].

　Markusen（1996）は，地域の企業・労働者やその他機関は，外部との関係（協力的でかつ競争的）の中に埋め込まれており，それが地域への関与を条件づけて，その成功を左右するとし，地域を越えた連携を構築する経済発展戦略は，純粋な地域ネットワーク構築と同様に重要であるとした．また，地域の外へ通じるネットワークを構築し，協力的な関係を向上させることは，地域固有の企業に集中すること以上に地域によってより生産的である．大企業は独占と脆弱性を招く一方で，地域の発展に大きな貢献をもたらす．少なくともある特定の発展局面にある地域において外部の企業や工場を誘致することは有効な戦略である．企業戦略，産業構造，利益循環，国の優先順位といった複数の要素に注目する必要があると指摘している（Markusen，1996，pp. 309-310）.

　Wolfe and Gertler（2004）は，最も先進的なクラスターにおいて，知識の急拡大している部分は地域限定のものではない．シリコンバレーの調査によると，地域クラスターでの生産は世界的な生産ネットワークに接続さ

れた複雑な生産連鎖の一部となっていると指摘した[10]. クラスターの誕生の際には, リーダーあるいは錨となる企業がクラスター内に発生することが重要であり, その主たる企業が磁場となり, その地域にその支配的な企業の活動について監視するための同類企業やライバル企業を招き寄せるとした (Wolfe and Gertler, 2004, p. 1078, 1089)[11].

Tödtling and Trippl (2005) は, 成熟した地域と産業の中にあるクラスターの再生には, 補助金やインフラ整備といった直接的な手法のみでは十分でなく, ネットワークの更新が必要であり, 企業間のイノベーションを起こすネットワークと同様に知識供給者 (knowledge suppliers) との新しい連結が重要であるとした. そして, 経済を活性化させている地域を調査し, そのようなところで行われている政策モデルとして, (1) ハイテク, 知識基盤, いわゆる創造的な産業への注目, (2) 優れた研究開発の構築, (3) グローバル企業の誘致, (4) スピンオフの推奨を特徴として挙げた (Tödtling and Trippl, 2005, p. 1204).

Boschma and Iammarino (2009) は, 1995年から2003年のイタリアのある地域における移出入データを調査し, 地域の成長は, 単に域外の世界とよくつながっていたり, 地域へ非常に多様な知識の流入があることではなく, セクター間の学習を促す関連する知識の交換が重要である. 交易の類似性は地域の成長に貢献せず, 地域に現存するセクターと異なるが関係するセクターが生み出す外部知識 (extra regional knowledge) が雇用の成長の点で地域に利益をもたらすことを明らかにしている (Boschma and Iammarino, 2009, pp. 304-305)[12].

以上のように, 先行研究においてクラスターの地域を越えた連携により, 地域経済の活性化が図られることが論じられている. 次節においては, そのようなクラスターの地域を越えた連携がどのような形で行われるかについて確認する.

# Ⅲ　クラスター連携のネットワーク構造

　クラスターとクラスターの連携は，特定分野のクラスターとクラスターの中にある企業などが，対面（face to face）で，ある産業分野における技術やノウハウなどの暗黙知[13]の情報交換を行い，それが双方の地域におけるイノベーションを創発すると想定される．

　クラスターにおいて多様な知識の集積をもたらすための，知識や情報の移転がどのような形態で行われるかについて，クラスター間の交流から新しい知識を生み出すには，グローバルパイプライン（Bathelt et al, 2004）やインターフェイス（Rychen and Zimmermann, 2008）が必要であると指摘されている．

　ここでまず，クラスター連携の機能であるグローバルパイプラインとゲートキーパーについて整理する．グローバルパイプラインとは「地域間・国家間の戦略的なパートナーシップ」であり，ある地域と距離的に離れたもう一つの地域のアクターが，基本は人と人との直接的な対面取引を通じて，境界を越えて意見交換を行い知識や情報の移転を行う機能である．そこではコード化された形式知のみならず，アクター双方のより深い理解と暗黙知の移転が行われる．

　グローバルパイプラインの機能はCoase（1988）の取引コスト論からも説明できる．通常，企業や大学等研究機関は取引先の開拓や研究パートナーとの連携を進めるために，潜在的な取引先の候補の情報収集，候補を比較することによる検討，信頼性の検証など様々な情報を入手し意見交換を進めていく必要があるが，これには多くの時間と費用が必要である．このとき，パイプラインが存在すれば，それらの情報収集がパイプラインのないところと比べてより容易になり，企業等としてはより少ないコストで目的の取引先や研究パートナーを選考できる．

18 第2章 地方自治体の国際的な地域産業政策に関する理論

　人間や企業が限られた時間制約のなかで取引を行う場合には，情報処理能力に一定の限界があるので，すべての選択肢について考え尽くして最前の結果を得ることはできないとする前提（限定合理性）のもと取引関係を構築するにあたって，パイプラインが存在することがその情報収集を手助けし，結果として円滑な取引関係の構築に導くものである．

　次に，クラスター連携のもう一つの機能としてゲートキーパーについて確認する．Rychen and Zimmermann（2008）は，グローバルなネットワークに深く埋め込まれたゲートキーパーの仲介を通じて，地域に根ざした企業が距離的に離れた資源にアクセスすることを可能にするクラスター間の連結を論じた．ゲートキーパーの機能は第一に，域内外の資源の相互連結に貢献し，地域の企業等が外部の関係性から利益を得ることを支援するとともに，外部の企業等が地域の資源にアクセスする機会を設けることである．そして第二に，ゲートキーパーは地域内の調整において地域のアクターを連結する中心的な役割を果たし，地域の地理的近接性から生じる利益を生み出すとともに，それぞれのアクターが相互に関係を維持するための取引コストを削減し，地域の技能と補完能力を流動化させ活動的にすることで，地域における企業ネットワークを活発にする（Rychen and Zimmermann, 2008, pp.767-771）[14]．このように，地域の企業等にとって個別に地域外の知識を入手しに行くことは多くのエネルギーを有するが，ゲートキーパーを通じることで取引コストを削減し，容易にアイディアや知識に接することができる[15]．

　クラスターとクラスターのグローバルな連結がどのような形で行われるかの先行研究を確認すると，グローバル連結には「集権化されたネットワーク構造」と「分権化されたネットワーク構造」がある．**図2-1**において集権化されたネットワーク構造（図左）では，すべての外部のアクターは地域の中心となるアクターであるゲートキーパーにつながっていて，クラスターに出入りするすべての流れは，このゲートキーパーによる仲介機能を通じて行われる．例えば，地域における代表的な会社がゲートキーパーと

Ⅲ　クラスター連携のネットワーク構造　19

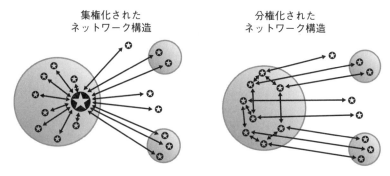

図 2-1　グローバル連結のネットワーク構造
出所）Lorenzen and Mudambi（2013），p.505，Figure 1.

してクラスター企業間やグローバル市場で活躍し，顧客や投資をグローバル市場からクラスター内に呼び込む．地域の辺境アクターはゲートキーパーに依存している．成熟したクラスターのゲートキーパーとなるのは，資源を豊富に所有する地元由来の企業群などであり，未成熟のクラスターでは多国籍企業の地域支店などである．また，技術面でのゲートキーパーとなるのはより小さな会社や公共機関であることがある．

　一方，分権化されたネットワーク構造（図右）においては，すべての地域のアクターは直接外部のアクターとつながっている．そのアクターとしては，地元由来のハイテク技術企業，国際的新興企業[16]，多国籍企業の支店が想定され，クラスターの中で広く相互に協力している．集権化されたパイプラインと分権化されたパイプラインの違いは，クラスターにおけるその単純な大きさではなく，相対的な大きさである．

　集権化されたネットワーク構造の地域において，ゲートキーパーとなりうる中心的なアクターは強力な競争相手を生み出すことになる知識のスピルオーバーを恐れることがある．一方，分権化されたネットワーク構造の地域は，地域において支配的な活動を行っているアクターがいないからこそ，重要な資源や知識のスピルオーバーが生まれやすい．資源と知識の流出入が，単に中心的なアクターやグループのみの利益にとどまらず多様な

利益を生み出し，様々なアクターによるイノベーションとキャッチアップの機会を提供し，企業家精神と，挑戦および失敗の実験を促進する[17]．

## Ⅳ　スマートスペシャリゼーションと都市ネットワーク

　クラスターの連携に関する機能についてこれまで整理してきたが，それではどのようにクラスターが連結すると発展するのか，その動態的な方向性を示す概念として，本節ではスマートスペシャリゼーション（Smart Specialisation）を確認する．

　欧州における地域政策の新しい概念であるスマートスペシャリゼーションは，欧州地域の持続可能で包括的な成長を目指す「EU 2020」アジェンダに取り入れられている．この概念の骨子は，地域が比較優位を持つテーマにより特化し，一方で，幅広く協調することで，経済活動・イノベーションの効率を上げ，地域のイノベーション主導による成長を実現しようとするものである．

　この概念は次の二つの要素に分けられる．第一に，比較優位のあるテーマにより深く特化することであり，「分野」のような広い曖昧なターゲットではなく，「テーマ」と呼ぶべきより狭い事業を指向している．そして第二に，国境を越えた地域間協力を強化することである[18]．スマートスペシャリゼーションのもとでのクラスター連携は，最終的にはクラスター間の意見交換により，ある産業への特化の調整を行うこととなる．

　本書においてスマートスペシャリゼーションを取り上げる理由は，グローバル競争環境での日本の地方自治体の産業政策のあり方を論じるにあたって参考になると考えるためである．古くから都市ごとに多様な成長と発展が繰り返されてきた欧州においては，島国であり海という自然障害物によって隣国との境が明確な日本ほど，国境が人的移動における高い障害

ではなく，国境を越えた人・モノ・カネ・情報の流動性が高まるグローバル化についても，欧州は日本より早く経験していたといえる．

　欧州連合の地方自治体は，ヨーロッパ経済統合のなかで各国間の人・モノ・カネの流動化がいっそう高まるなか，生き残るために個性を生かしたイノベーション施策を進めており，特に都市機能を共有するという観点から都市ネットワークの形成を重視してきた．

　その都市ネットワークについて，Camagni and Salone（1993）は機能的に専門化し補完性をもった都市群が空間的分業や共同作業，資源の共同利用などを通じて費用を節約し，全体として地域の活性化を図ろうとする動きに注目している．また，Batten（1995）は都市ネットワークの特徴を，結節性，規模中立，フレキシビリティや補完性，異質の財・サービス，水平的結合，双方向性，情報コスト，価格差別を伴う不完全競争としている．Steger（2009）は，グローバリゼーションによって，都市レベルでの国境を越える結びつきが著しく成長しており，国内における多くの都市との結びつきよりも緊密になる場合もあると指摘した．朴（2001），佐藤（2011），Mans（2013）など，ハブとはならない都市や，日本と海外の地方都市同士がダイレクトに結びつくような都市ネットワーク事例についての研究も蓄積されている[19]．

　このような都市あるいはクラスター間のネットワークを重視することは，すでに日本でも矢田（1996）が示唆している．矢田は都市ネットワークに関して「専門化した都市間のなかで主として水平的・非階層的な関係をもったシステム」と定義しており，この水平的ネットワークは，インフラの協力関係に関するものと，都市間の経済活動・人口交流など空間的相互交流作用に関するものとに分けて考えることができる．そして，従来，都市が相互に補完関係をもつためには，都市圏連合のように隣接して立地することが必要であったが，距離摩擦の減少した今日では，距離的に離れていても機能的な関係を発展させることが可能となったと指摘している（矢田，1996，pp. 25-26）．

22 第2章 地方自治体の国際的な地域産業政策に関する理論

また，諸富（2004）によれば，近年の欧州地方政府は，ネットワーク形成，知識情報の集積，そして人的資本といった「非物質的要素」の厚みを増すための投資を行うことを極めて重視している．地域産業政策の成否はアイディア，知識，金融，技術の潤沢な流通を促進するための制度やネットワーク形成が図られ，それらの相互作用が有効に機能するかどうかにあると論じた（諸富，2004，pp. 243-249）[20]．

スマートスペシャリゼーションは，これからクラスターをどのように持続的に成長させていくかという点で地域産業政策の柱となる考え方であり，戦略的な概念である．第6章において，この概念を参考に日本の地方自治体が海外を含む地域外と交流することについて詳細に検討するが，第3章から5章における事例研究の際にも，この観点が地方自治体による政策形成の判断基準になっているので，現段階で確認したものである．

## V　クラスター連携に関する研究の整理

前節まで，近年の地域産業政策やクラスター研究の理論について整理してきた．地域経済の活性化を目的とする産業政策は，地方自治体が主体となって地域産業の特性を生かして実施すべきであると考えられ，その中でも地方自治体は，生活・文化を含めたより広い範囲で地域経済をコーディネートする役割が求められる．

知識経済においてクラスターの競争力を確保し持続的な成長を続けるには，地域でイノベーションを創出することが重要であり，クラスターが新しい知識を外部から導入し，多様性を高めることが必要である．そして，クラスターを国際的に連結させる機能としてゲートキーパーやグローバルパイプラインといった概念の整理がされており，クラスター間をつなぐネットワークの理論化が進んでいる．さらに，欧州における地域産業政策

の新しい理念であるスマートスペシャリゼーションと，グローバルな経済社会における都市ネットワークによる空間的分業のあり方についても確認した．

　ただし，これまでの先行研究では，クラスター外部との連携においてゲートキーパーやパイプラインとなりうるアクターとして，多国籍企業や大学・研究機関を取り上げているだけであり，地域の利益を代表する地方自治体や地域産業政策の観点からはほとんど分析されていない．

　地方自治体の国境を越えたクラスター連携について検討を加えている数少ない研究として，産業立地論の観点から鈴木（2009）は，国際競争力のあるクラスターは，クラスター内部での知識の相互交流が活発に行われるだけでなく，国内外のクラスター間における知識の相互交流の結節点としても機能していると考えられ，地域における国際交流の推進は，海外の産業集積とのネットワーク化を容易にし，国際競争力のあるクラスターの形成促進にも寄与する可能性があると指摘した．そして，通常，特定の都市圏内部に集積した事業拠点間（自社および他社の事業拠点間）での対面接触型のコミュニケーションが取引コストの削減やイノベーションの促進をもたらす集積の利益について，一定以上の集積規模が必要である場合に，ネットワーク化することで規模の限界を克服することがあると論じた．ここで鈴木（2009）は地域政策を，「政府が経済社会の立地環境を整備することで，企業の立地行動を誘導し，ある地域の産業集積形成を促進するなど産業活動の地理的配置に影響を与える政策」と定義し，国際交流推進のための地方政府レベルの取り組みとして「都市の国際交流施策」を取り上げ，大阪市と北九州市を事例にして都市の国際交流施策を比較検討している（鈴木，2009，pp. 5，99，112-118）．

　また，加藤（2012）は都市をイノベーション創出拠点として認識し，それぞれの都市が国境をまたぐ圏域経営によって競争力を強化しつつあると現状を分析した．そして，ソーシャルキャピタルが形成する信頼を基盤とした「経済取引外の相互依存関係」によって醸成されるソフトパワーが，

探索コストなど情報確保に関する取引コストの削減により地域の相互関係をスムーズに動かすとした．特に，都市がイノベーション拠点となるためには，「グローバル化」と「知識経済化」の2点をベースとしてグローバル都市政策を行う必要があると述べ，グローバル都市政策においては，ソフトな都市間連携が競争優位の源泉であるとした（加藤，2012，pp. 4-7）[21]．

ただし，鈴木（2009）は海外とのクラスター連携に着目して政令指定都市の国際交流施策を分析し，その理論的考察としてネットワーク化による規模の限界の克服の可能性について指摘しているところが斬新であるが，地方自治体が海外と連携する際の組織形成や知識移転といった実践面についてはほとんどふれていない[22]．

また，加藤（2012）は都市をイノベーション創出拠点と認め，ソーシャルキャピタルが形成する信頼という観点から地域間連携を実施するソフトパワーの重要性について指摘しており，ソーシャルキャピタル理論を組み込んでいる点でユニークであるが，連携の内容については例示するのみに留まっている．本書では以上のような先行研究の到達点から，さらに地方自治体による国境を越えるクラスター連携とネットワークの構築について理論面での検討を加えるとともに，その実践について事例研究による検証を行うことで，この分野における研究の進展に貢献したい．

# VI 地方自治体によるクラスター連携の理論的検討

地方自治体がクラスターを超えるグローバルパイプラインを構築して双方の地域交流を図ることで知識の移転を促進し，それぞれの地域に立地する企業等のビジネス活動の振興，研究開発の促進などイノベーションを生み出す環境を創り出す．このパイプライン構築により，それぞれの地域の企業や大学といった様々な機関の交流が図られ，域外からの新しい知識・

アイディアによる商品開発やサービスの向上，取引先の拡大が促進される.

　すなわち，地方自治体はクラスターにおけるリーダーあるいは錨となる企業等がない場合に，そのクラスターを代表し他のクラスターと連結するゲートキーパーの役割を，地域経済振興のための政策として代替する．地方自治体は地域の企業がクラスター外の企業と連結するための取引コストを削減することで，地域企業が外部のアクターとの関係性から利益を得ることを支援し，クラスター内外の資源の相互連絡に貢献することができる.

　これまでの研究では，ある程度の組織規模と能力を有する企業の拠点や研究機関が，クラスターにおけるゲートキーパーになると想定されてきた[23]．しかし，地域経済の活性化という政策的観点から見れば，こうした企業や研究機関にとって，特定のクラスターの維持発展のためにゲートキーパーの役割を果たす積極的な理由はない.

　例えば，Rychen and Zimmermann (2008) は，ゲートキーパーが私企業であれば，その企業が構築するネットワークは企業の利益に貢献する必要があることから，自社の利益にかなう行動しかとらないと指摘している．Lorenzen and Mudambi (2013) は，ゲートキーパーとなりうる知識を生み出す地域の中心的なアクターは強力な競争相手を生み出すことになる知識のスピルオーバーを恐れることがあると論じており，Wei (2013) は，中国・蘇州が多くの外国投資を集め多国籍企業の支店工場があるものの，その企業の本社は中国の外にあり地域経済との連携は弱く，企業はその研究開発において蘇州の地域企業と協働するインセンティブを有していないことを明らかにしている[24].

　企業がクラスターのゲートキーパーになる場合に起こる知識や技術の漏洩リスクなど当企業の利潤追求目的との間での相反する利害について，地方自治体においては問題とならない．そこで，地域経済の活性化を求める地方自治体としては，通常であればゲートキーパーとなりえるような企業や大学・研究機関に代わり，積極的にクラスターの国際的な外部連携を構築することが志向される．そして中長期的には自ら地域におけるゲート

キーパーやグローバルパイプラインとなる企業等が台頭し，クラスター間で新しい知識やアイディアの交流が促進され，資源や知識のスピルオーバーによる地域からのイノベーションを創出し，地域の競争力を高めることが期待される．先行研究でも確認したとおり，ゲートキーパーを通じた集権化されたネットワーク構造から，地域の個々のアクターが直接海外につながり多様な利益を生み出す分権化されたネットワーク構造に，地域経済を再構築することが求められる．

　これまで地方自治体の地域産業政策は，高速道路や港湾など交通インフラを整備し，電気・ガス・上下水道や工業水道を備えた工業団地を造成して操業しやすい環境を整える立地環境整備が主であった．これらは，産業発展の方向性が明白であるような開発途上の経済において，効率的な経済発展をめざすには有効な施策であった．しかし，日本が経済的に豊かになり，製造業からサービス業への産業転換が進み，より付加価値の高い研究開発が求められるなど企業の経営環境は大きく変化している．今後，どのような産業が成長するのか，地域産業の発展のためどこに政策資源を投入すべきかを判断することは難しい．

　かつては，ソニーやパナソニックなどが海外需要を取り込み，日本全国に工場を設けて，その利益を国内に還元してきた．すなわち大企業がゲートキーパーあるいはグローバルパイプラインとして海外の需要を調査し，海外で営業し，必要な製品を開発してその生産を日本国内の地域工場で行ってきた．グローバルに展開する大企業を経由して地域の企業は海外につながっていた．しかし，それらの大企業がグローバルな生産拠点の配置を，アジアをはじめ世界に展開するに従い，それぞれの地域は世界レベルの生産ネットワークと断絶されるようになってきた．そこで，地方自治体がそれらのグローバルにつながる大企業にとって代わり，地域のそれぞれのアクターが直接的に海外とつながる支援を行うことが求められている．

　また，運輸手段の発展，インターネットによる情報交換コストの劇的な削減が世界レベルの国際分業の環境を充実させることで，これまで海外と

取引を行うことのなかった中小企業も直接海外と取引を行うようになっている.

これまでは国という枠組みを通じて地域は海外と接してきたが,移動手段の発達と情報化,関税および非関税障壁の撤廃による自由貿易制度が整うなどグローバル化の進展により,今では地方自治体が直接海外の企業や政府機関とネットワークを構築し,協働して事業を行うことを可能にする条件が整っている.地域の産業振興を図る地方自治体では,地域の企業が海外との取引を活発化し,海外企業による地域への立地を促進することで,地域の活性化を図ることができる.すなわち,クラスターの維持発展のため,国際的な外部連携において地方自治体がより積極的な役割を果たすことができる.

今日の新たなビジネスを考える場合には,公共性の高いサービスや,都市や地域全体のビジネスのつながりを総合的に見る必要がある.例えば,今日注目されているエネルギー問題は,単に一つの企業や家庭が取り組むことではなく,それらアクターが集合的に行う行動について,何らかの方向性や解決策を示すことにより,エネルギー消費の削減や社会運営の効率化を図ろうとするものである.

個々の家庭や企業に設置された太陽電池で生産された電力が電力会社の系統網に販売されることや,道路の渋滞等の問題は,それぞれの人間や企業の集合的な動きによって生じることである.また,バイオテクノロジーなど人の生命に影響する重要な技術の適用や,その効能計測のための疫学的な調査などは公益性が高く,より透明なプロセスにより検証され認められる必要がある.

福祉や環境,そして都市に関わるような諸問題は,多くの人に影響を与える問題であり,地域によって異なる特性をもつことが多い.このような地域性の高い問題の解決は,その地域の問題を総合的に解決する意思を有する地方自治体と,ビジネスとして問題解決を行う企業の連携が必要となる.今後,知識経済下において発展が期待されるビジネス,あるいはイノ

ベーションが求められる産業分野は，一定の地理的空間において，人の健康な生活や文化に関わる公共性の高い分野が多いと想定される．だからこそ，新たな商品やサービスに関する社会実験の場や情報の提供という点で地方自治体がビジネスを支援できる可能性が高く，それゆえに地方自治体が地域産業政策の観点から関与する必要性が高いといえる．

　ここまで本節では，地方自治体が地域の持続的な成長を確保するために実施する地域産業政策として国際的なクラスター連携の必要性を論じたうえで，地方自治体がクラスター連携を行う際のネットワーク接続の機能について，グローバルパイプラインとゲートキーパーという概念を用いて説明してきた．そして，地域の持続的な成長をめざすための政策として，これまで基本的には大企業が地域におけるグローバルパイプラインなどの役割を果たしていたが，そのようなアクターがない場合，あるいはそもそも，そのような役割を果たすアクターが不在の地域において，地方自治体こそクラスターの国際的な連携という観点より，その役割を担わなければならないことを，今日の社会にとって必要性の高い環境や福祉など都市問題にかかるサービスはより公共性が高いことからも確認した．

# VII　国際的なクラスター連携の分析視角

　地方自治体による国際的なクラスター連携の構造を分析するにあたり，二つの視点から検討することができる．第一の視点は，地方自治体が連携する相手先の性質によるものであり，第二の視点は，地方自治体としてどのような組織形態により海外のアクターと接触するかという観点である．

　第一の地方自治体が国際的なクラスター連携を行う相手先の性質は，Government to Government と Government to Business の2種類に類型化して分析できる[25]．第一に Government to Government (G to G) は，地方

自治体間あるいは地方自治体と外国中央政府やその関係機関との連携であり，ある地域を代表する政府機関によるなんらかの関係性を想定する．第二にGovernment to Business（G to B）は，G to Gと対比される概念であり，地方自治体と企業，大学等研究機関，商工会議所など経済団体との連携である．クラスター内において，地域企業が地方自治体と有するネットワークはG to Bである．

　ここで，G to Gすなわち政府間関係の構築が地方自治体によるクラスター連携にとって重要である．地方自治体はG to Gでグローバルパイプラインを構築して地域間の信頼性を高め，ビジネス，アイディア，知識や技術の流通をいっそう円滑にする．地方自治体間の国境を越えたネットワークは公共性の高い道路のようなもので，それが整備されることにより離れた地点にいるアクター間の知識移転が円滑になり，不特定多数の人が便益を受ける．グローバルな経済活動のなかで，その地域に流出入する人や知識・技術のフローが増加すると考えられる．

　すでに述べたように加藤（2012）は，ソーシャルキャピタルが形成する信頼を基盤としたソフトパワーが取引コストを削減すると論じたが，政府間関係で相互に信頼性が高いとき，知識交換が円滑になり，情報の非対称性の解消を図ることができ，民間企業は情報探索の取引コストを削減できる．このとき，地方自治体間を結ぶ都市間ネットワークは公共財であるといえる．政府間のネットワークを通じて，より信頼性の高い情報が双方の地域に供給され，双方の地域のアクターの情報共有が進み，ビジネス面での取引促進につながる．

　このように，地方自治体による国際的なクラスター連携の実践においては，G to Gのネットワーク，すなわちグローバルパイプラインが重要であり，公共的な存在である地方政府と地方政府あるいは中央政府が国境を越えて提携することで，それぞれの地域におけるアクターが国境を越えた取引を行う際に，取引に伴うコストを削減することができ，より活発な取引，それに伴う知識の交換と移転が達成されることになる．

30　第2章　地方自治体の国際的な地域産業政策に関する理論

　次に，地方自治体の国際的なクラスターの外部連携を分析する際の第二の視点である，地方自治体としてどのような組織形態により海外のアクターと接触するかについては，地域において地方自治体の内部に完結する組織と，地方自治体の外部で地域の中で作られる組織の二つの観点から分類できる．

　第一に，クラスター連携を行う自治体の内部組織は，地方自治体のなかで，国際的な地域産業政策を行う担当部署であり，通常，国際交流，企業誘致や中小企業の支援を担当する部署が想定される．地方自治体が設ける外郭団体なども，地方自治体の業務委託や補助金などを受けて同様の事業を行っている場合があり，これも内部組織となる．

　第二に，地域における地方自治体の外部連携として想定するのは，地方自治体が民間企業や大学と何らかの事業体を設ける場合であり，いくつかの自治体が商工会議所などの経済団体，地方銀行などの金融機関と共同で設置するような，その地域における産業振興のための連携組織である．

# Ⅷ　おわりに

　本章では，グローバル化の進展により地球レベルの都市・地域間の競争が高まるなかで地方自治体に焦点をあてて，地域経済の発展を目的としたクラスターの国際的な外部連携における論点を整理してきた．クラスターの観点から，地方自治体による国際的な地域産業政策として，その国際的な外部連携が必要であることを，地域産業政策およびクラスターの先行研究より明らかにした．

　先行研究は地域産業政策の主体が国から地方自治体に変わりつつ，地方自治体が地域の多様な主体を結びつけるコーディネーターの役割を果たすことが重要になっていると論じている．そこで，クラスターにおけるイノ

ベーション創出やネットワーク構造に関する理論を参照しながら，地域における産業政策としてほとんど分析されてこなかった地方自治体によるクラスターの国際的外部連携について考察を深めた．

　地域が競争力を有するためには，クラスターにおいてイノベーションを創発することが必要であり，多様な知識を地域に導入する必要があることを先行研究より導き出し，グローバルパイプラインとゲートキーパーという，クラスターの連携を行う際の機能について検討を行った．

　そして，地方自治体が，地域におけるイノベーションを起こす上記二つの機能を有することを論じ，その際にはGovernment to GovernmentとGovernment to Businessの二つの類型に分けてネットワーク構築がなされるが，特に前者が重要であることを指摘した．

　これらの理論考察をふまえたうえで，次章以降では地方自治体の国際的な地域産業政策について，その海外拠点や国際戦略，水ビジネスの海外展開，国際見本市への出展といった具体的な事例を通じた検討を行う．

### 注釈

6) その他，地方自治体による産業集積の持続可能でかつ内発的な発展を進める産業政策の研究として鎌倉 (2002)，地域産業の活性化戦略について論じた野長瀬 (2011) がある．

7) Friedman (2005) が，技術進化が空間を越えた活動の連結コストを劇的に削減させたため世界が平坦（フラット）になったと論じるのに対し，McCann (2008) はグローバル化が進めば，その経済成長の場所として特定の都市が非常に重要になると指摘している．

8) 出石 (2012) p.278を参考にした．

9) その他，似田貝ほか (2006) は，都市はグローバルな異種混交にさらされることにより，新しい創発性が生み出される場として再定義されるようになっており，グローバリゼーションは都市の多様性を増大させるルーツであると指摘した．そして，東京をはじめ非ヘゲモニー依存型の都市が，「なりたがり世界都市」(wannabee world cities) としてグローバルな都市間競争においてその地位を高め，経済的な影響力の及ぶ規模を拡大させようとして，国際空港などネットワーク・インフラの整備，金融サービス業の育成や規制撤廃による外部からの資本呼び込み，オリンピックや展覧会などメガ・イベントを招致・開催することによる資本・観光客の呼び込みと都市開発の促進などの施策を採用していること．経済的グローバリゼーションに対応した都市成長戦略を選択しようとするとき，その都市・地域はしばしば自らの歴史的固有性に見合っ

た多様な選択肢を用意する可能性を低下させ，結果的に，その都市・地域は変化に対する脆弱性をむしろ増すことになると批判した．グローバリゼーションに対応した都市成長戦略が逆に都市の弱体化を招く理由として，(1) 画一的な方策がその都市・地域にふさわしいか不明である，(2) 同じような政策を選択する都市・地域が増加すると過当競争を招くため，その政策の適合性が結果的に低下する，(3) 今日では政策選択の背景にある内外の条件が短期間で変化し政策の適合性が低下する，(4) ある政策を選択することで，従来その都市・地域が備えていた多元的な資源・知識・担い手を喪失し，新たな変化への持続的対応能力が著しく低下すると論じている (似田貝ほか，2006，pp. 42, 52-53)．

10) Wolfe and Gertler (2004) は，クラスターの生成における熟練した労働力や様々な技能の独特の集合も重要であるとしている．また，知識の流通について3類型に分類しており，第一に地域に埋め込まれた研究機関や私企業の間で研究結果の移転という形で行われるものであり，第二に非常に高い能力を有する個人が，研究機関から私企業に移動したり，企業間で労働力移動する形であり，第三は中小企業の起業，企業間の相互観察や地域に根ざした組織を通じた知識共有によるものである．特に第三の点で，地域に根ざした組織が知識の流れの促進に一定の役割を果たすことは，地域や地方の組織の重要性を裏書するものであると論じている (Wolfe and Gertler, 2004, pp. 1075-1077)．

11) 関連する研究としてHenderson et al(2002)は，グローバル生産ネットワーク(Global Production Network) のフレームワークを提示することで企業の国際間取引をはじめとする経済発展について分析した．Beaverstock et al(2002)は，世界都市ネットワーク (World City Network) を研究し，都市の競争力は国際的なネットワークを維持する共同作業に注目することが必要であるとしている．また，Coe et al(2010)は，グローバル商品連鎖 (Global Commodity Chain) や世界都市ネットワークの観点から世界経済の変化について分析し，世界システム論における中心と辺境の観点は現在のグローバル経済を説明するには適切でなくなってきており，企業だけではない様々なアクターによるグローバルな関係性に注目する必要があるとしている．

12) この点についてMenzel and Fornahl (2010) は，クラスターの出現，成長，衰退そして再生は，その地域の企業の技術的異質性に依存し，クラスター内において地域学習が進むと技術の同化が起き，クラスター外での学習があると技術的異質性は高まるとしている．

13) 暗黙知とは，言語化できないような個人が有する体験やノウハウのような知識であり，その移転については，個人の対面的な接触などが必要となるものである．知識利用と環境の関係についてStorper and Venables (2004) によると，知識は普遍的・透明的であるものと専門的・私的であるものとに分類され，専門的・私的な知識はさらに，暗黙的なものとコード化されたものに分けられる．基本的な製造方法や取引情報など簡単に入手できる普遍的・透明的な知識については近接性の要求は低いが，専門的・私的になるにつれ近接性の要求は高まる．専門的・私的な知識で環境が安定的な場合は，官僚・企業制によって知識は調整される．専門的・私的な知識で環境が流動的な場合に，暗黙的な知識は口コミ（Buzz）文化によって，コード化された知識は，探索とマッチングのために組織化されたネットワークによって担われる (Storper and

Ⅷ　おわりに　33

Venables, 2004, pp. 366-367). 暗黙知の概念に関する検討については Gertler (2003) を参照されたい.

14) ゲートキーパーの機能について, Morrison (2008) はイタリアの家具産業地域を事例にして, 外部から吸収した知識を地域にもたらすリーダーとなる企業について分析している.

15) ネットワーク研究から, ネットワークの中で分断されているグループや組織をうまく媒介するブローカー的な立場に立つ個人や組織について論じた Granovetter (1973), 「構造的空隙 (structural holes)」という概念でまとめた Burt (1992) なども参考になる.

16) 国際的新興企業の台頭も今日の地域経済を分析するうえで重要な視点である. Oviatt and McDougall (1994) は, 通信・移動手段の発達によるグローバル化の進展により, これまでの多国籍企業とは異なる国際的新興企業 (International New Ventures) が台頭していると指摘した. これまでの一般的な多国籍企業の生成過程として認識されてきたのは, 国内市場が成熟化し, 自国市場への浸透が終わった後に海外へ進出するというものであったが, 国際的新興企業はその企業の立ち上げ当初から, 複数の国で資源の利用や商品の販売を目的とする重要な競争優位を確保しようとするビジネス組織である (Oviatt and McDougall, 1994, pp. 49-52).

17) Lorenzen and Mudambi (2013) は, パイプラインを「地理的空間を越えて移動する資源の最大効率のために組織によって計画され運営されるものであり, 共同所有と戦略的な連携を通じたパイプラインの両端に組織的な共有システムを創造する」と整理し, よく発達したクラスターにおいて, ほとんどのパイプラインはそれぞれの地域の企業によって構築し維持される. 十分に発達していないクラスターでは, パイプラインに関係する組織はそれぞれの地域から派生してきたものではなく, 他国の多国籍企業の地域支社であることが多い. 多国籍企業は, モノ・サービス・知識・人が動く異なるクラスターの中で, 自己のシステムとしてグローバルなパイプラインを運営し, 支社を配置するネットワーク機関であるとした. そしてクラスターの外部とのつながりには, 組織を基盤とするものと個人ネットワークを基盤とするもの, 集権化されたものと分権化されたものという四つの区分から分析が可能であり, 分権化されたネットワーク構造におけるグローバルな連結は, 地域における知識のスピルオーバーに最も高い可能性をもたらす. 分権化されたパイプラインによってグローバル経済に連結されたクラスターはある産業や技術といった点で深みのある追求 (in-depth catch-up) が可能である. 一方, 分権化された個人の関係性によって連結されているクラスターは, 関係する産業や技術の分野の中で幅広い (in-breadth) 追求が可能になると論じた (Lorenzen and Mudambi, 2013, pp. 502-512).

18) 坂田一郎の報告「OECD　Workshop on Smart Specialisation に出席して」に基づく. 東京大学政策ビジョン研究センター
http://pari.u-tokyo.ac.jp/event/act130408_sakata.html (2014年9月7日閲覧)

19) 朴 (2001) は, 東京・ソウル・香港・シンガポールなどアジアの主要都市間の航空旅客や銀行取引量から東アジア経済圏における国際都市ネットワークを分析している. 佐藤 (2011) は, 自治体の姉妹都市交流という観点からの国際都市ネットワークについて東北地方の自治体の事例分析を行っている. Mans (2013) は, スーダンの首

34 第2章 地方自治体の国際的な地域産業政策に関する理論

都ハルツームを事例としてグローバルな都市間の関係性を分析した.
20) 非物質主義的な価値の優先順位が高まるなかでの社会関係資本のあり方や欧州の取り組みについて諸富 (2003, 2010) を参照されたい.
21) ソーシャルキャピタルの概念については Adler and Kwon (2002) を参照されたい.
22) 地方自治体による地域産業政策の組織体制の検討を行った研究として,本多 (2013) は,大阪市の中小企業政策が,支援の効率化・専門化,個別企業支援の強化という方向に伴って,組織が分化し,本庁から外郭団体へ現場支援機能が移管されてきたことを指摘している.
23) 例えば,Kauffeld-Monz and Fritsch (2013) では,ゲートキーパーの存在としての公的研究所について論じている.
24) Wei (2013) によれば,多国籍企業が有する生産ネットワークから,蘇州の地元企業はおおむね排除されている.その理由は,第一に多国籍企業が求める ICT の技術レベルと現地の大学や研究機関の技術レベルの間に乖離があること.第二に多く投資している台湾企業は既存のネットワークを重視する傾向があり地域企業との連携を求めないこと.特に,知的財産の点で台湾企業は重要な技術の中国企業へのスピルオーバーを恐れていること.第三に国レベルの開発区は外資系企業を想定して設計されており,地方政府に地元企業の発展のための資源投入の余力がないこと.地元企業やサービス企業に外資系企業とネットワークを作る機会がないこととしている (Wei, 2013, pp.10-12).また,Morrison (2013) でも,グローバルパイプラインになることのできるアクターが孤立して存在しており,地域の知識蓄積に貢献しないことを論じている.
25) さらに外国の市民などに向けた関係性の構築として Government to Consumer があり,例えば都市イメージの向上による観光客誘致施策が想定され,観光目的地として外国の新聞や雑誌等に広告を掲載するのもこれに含まれるが,本書では指摘するのみにとどめる.

## 第3章

# 地方自治体による
# 国際的な地域産業政策の変遷
## ―地方自治体の海外拠点立地と国際戦略研究―

## I　はじめに

　前章における地方自治体による国際的な地域産業政策に関する理論検討を受けて，本章では研究課題の第二である地方自治体のこれまでの国際的な事務事業について，国際的な地域産業政策という観点から分析する．その際には，地方自治体の海外拠点と国際戦略を題材として取り上げ，統計資料と事例の分析を通じて，地方自治体がこれまでどのように海外と接し，今後どのように接しようとしているのかを確認していく．

　第1章でも論じたとおり，経済のグローバル化とともに国境を越えた経済活動が進展している．多国籍企業による地球レベルでの国際分業が加速するなかで，富と雇用を生み出してきたそれぞれの国や地域の産業が，多国籍企業による世界的な立地拠点再編の影響を受ける．各地域の立地環境は多国籍企業により世界的なレベルで比較検討される．新たに求められる財やサービスを供給できる企業があり，その企業が立地する地域は成長し，そうでない地域は衰退する．各地域においては雇用の質や量に変動が生じる．地域がその立地環境上の優位性を競うグローバルな都市・地域間競争が展開される．

　このような状況のもと，それぞれの地域の産業振興を図る地方自治体では，地域の企業が海外との取引を活発化し，海外企業による地域への立地

を促進することで，地域経済の活性化を図る必要があり，そのための施策を実施することが求められてきた．地方自治体の海外拠点[26]は，地域の国際的な事務事業を推進するための拠点として，姉妹・友好都市交流や経済交流の促進など様々な役割を果たしている．

これまで日系企業の海外拠点の立地展開については多く研究がなされているが，行政組織である地方自治体の海外拠点の立地展開を対象としたものはない[27]．世界，そしてアジアにおける国際分業が進展して行くなかで，地方自治体の海外拠点の立地展開について，その実態を研究することは意義があると考える．

以下，本章では，第一に，地方自治体の海外拠点の立地について考察するための分析視角を提示する．第二に，地方自治体の海外拠点の立地展開の特徴について検討し，第三に，日本の地方自治体の国際戦略を検討したのち，最後に理論的なインプリケーションを導出する．

## Ⅱ　地方自治体による海外拠点立地の分析視角

クラスター研究と関連性の高い産業立地論では，産業活動の担い手である企業の立地行動とともに，産業活動の舞台となる地域の立地環境について考察する．こうした産業立地論の観点からは，地方自治体の各種事務事業について，主に地域の立地環境を整備するもの（立地環境の制度的・政策的側面）として検討する．鈴木（2009）では，大阪市と北九州市の国際交流施策を論じる際に，大阪市の上海事務所と北九州市の大連事務所の役割について言及している．ただし，地方自治体の海外拠点の立地動向やその特徴について正面から検討を行ってはいない．本章では，企業による海外拠点立地展開の特徴分析と同様の方法で，地方自治体の海外拠点の立地を検討する．ここで海外拠点の立地分析のためには，以下の三つのポイン

トが重要となる[28].

　第一に，海外拠点の活動内容を適切に区分することである．例えば，製造企業（メーカー）の海外拠点の場合は，現地での製造拠点か，あるいは販売・マーケティング拠点か区分する．前者は海外工場の立地であり，現地の工業団地に設置されるケースが多い．一方，後者は海外オフィスの立地であり，都心部のビル内に設置されるケースが多い．つまり，同じ製造企業の海外拠点であっても，製造拠点であるか販売・マーケティング拠点であるかによって，その立地展開の特徴は異なってくる．

　第二に，海外拠点の進出時期を適切に区分することである．国内外の立地環境は時代とともに大きく変化しており，ある時期における海外拠点の立地展開の特徴と別の時期における立地展開の特徴は異なるものになりやすい．

　第三に，海外拠点の進出場所を適切に区分することである．海外拠点の立地を国別に捉えるだけでなく，北米，欧州，アジアなど地域ブロック別に整理することや，逆に各国内の都市レベルで把握することも重要である．

　地方自治体の海外拠点の場合も，「活動内容」「進出時期」「進出場所」という三つのポイントについて，どのような活動内容の海外拠点がどのような時期にどのような場所に立地展開しているのか，その特徴を整理し，その背景にある国内外の立地環境の動向や地方自治体の国際戦略を考察することが有用であると考えられる．

　地方自治体の海外拠点の主な活動内容は，国際交流に関する支援業務（情報の収集・発信を含む）であるが，文化・社会交流に関する支援業務と経済交流に関する支援業務の二つに分けられる．前者は姉妹・友好都市交流などを通じた文化・社会交流を促進するものであり，後者は地域企業の海外事業活動支援や経済ミッションの派遣・受け入れ支援などにより経済交流を促進するものである．

　なお，地方自治体の海外拠点は，企業の海外拠点（海外現地法人や海外支店）とは異なり営利活動を目的としていない．営利活動を行えないという点では，企業の駐在員事務所と同じであるが，製造企業の場合，主とし

て駐在員事務所は海外現地法人（海外製造現地法人や海外販売現地法人）を設立するための準備段階で一時的に設置されるものである．長期的に駐在員事務所の形態で活動するケースとしては，銀行の駐在員事務所が挙げられるが，これも駐在員事務所から海外支店に昇格されることがある．

　地方自治体の海外拠点は海外オフィスの一種類であり，国際的なオフィス立地として認識できる．国際的なオフィス立地に関する研究では，世界都市システムとの関連で論じられることが多い．そのため，地方自治体の海外拠点を分析する際にも，特に都市レベルで海外立地の特徴を考察することが重要である．

　経済中心地である都市は人・モノ・カネ・情報といった経済要素の地理的循環の結節点であり，多国籍企業の立地行動は世界各国の諸都市間の直接的な結びつきを強め，諸都市を国際的な競争の場に投げ込むとともに，世界レベルでの都市間ネットワーク（世界都市システム）の形成に導く．

　Hymer（1979）は，多国籍企業を分析する単位としては国家よりも都市のほうが意味があると指摘したうえで，各地域の様々な事業活動を調整する活動は，ホワイトカラーやコミュニケーション・システム，そして情報を必要とするところから，大都市に集中する傾向がある．産業は異なっても企業の需要は類似しているところから，同じ都市に企業の調整部門が置かれる傾向がある．そして，国際的レベルから見ると，多国籍資本の立地集中化傾向は都市の世界的ヒエラルキー化を意味しており，このヒエラルキーでは，ニューヨーク，ロンドン，パリなどグローバル・シティと呼んでもさしつかえないような一定の都市が，地球大の企業組織の中で独特な座に据えられていると論じている[29]．

　先行研究について東アジアを中心とする世界都市システムで整理すると，Friedmann（1986）の世界都市の類型化によれば，東アジアでは東京が中心国家グループの第1次都市に，シンガポールが半周辺国家グループの第1次都市に，香港や台北，ソウル等は半周辺国家グループの第2次都市に位置づけられている．Rimmer（1996）は，東アジアにおいて東京を

グローバル都市とし，シンガポールや香港，台北，ソウルの4都市を地域統括拠点都市とする都市ヒエラルキーが存在すると論じた（Rimmer, 1996, pp. 92-95）．田坂（2005）は，バンコクやジャカルタなど東南アジアの各都市は，シンガポールに立地する多国籍企業の地域統括機能やロジスティック機能と結びついて，それらからの指令を現地レベルに翻訳・戦術化してうまく作動していると示した[30]．

　宮町（1998）は，FriedmannやRimmerの研究を参考にしながら，多国籍企業の本社や支社の立地，直接投資の受入額，国際機関の事務所立地など複数の資料を考慮して東アジアにおける主要都市を類型化した．この類型化によれば，日本以外の東アジア諸都市は，香港，シンガポールがアジア第1次レベル，ソウル，台北がアジア第2次レベル，クアラルンプール，バンコク，ジャカルタが国内レベル，マニラ，上海，北京がローカルレベルとなっている．

　鈴木（2005）は，東アジアにおける日系多国籍企業の地域統括拠点や貿易・物流拠点，そして開発拠点の立地行動の分析より，宮町の類型化において北京・上海がバンコク・ジャカルタより下位にランクされていることについて現状に合わなくなってきていると指摘している．

　このような都市間のネットワークに基づく世界都市システムの構造をふまえたうえで，地方自治体の海外拠点が世界都市システムのいずれのところに立地するか確認する．

# Ⅲ　地方自治体海外拠点の立地展開の特徴

## Ⅲ-1　地方自治体海外拠点の業務内容

　以下では，前節で示した分析視角に基づきながら，地方自治体の海外拠点の立地展開の特徴について検討する．地方自治体の海外拠点の業務は，

40 第3章 地方自治体による国際的な地域産業政策の変遷

それぞれの団体によって差異はあるが，基本的には次の4点に整理できる．

(1) 海外管轄地域の行政や経済などに関する情報収集・提供

(2) 地域情報の発信（地域物産の販売促進，観光客・企業等誘致促進など）

(3) 海外都市等との教育・文化交流（姉妹・友好都市交流の支援として学生の相互派遣，姉妹校交流，文化・芸術作品の交流など）

(4) 海外との経済交流促進・地域の企業による海外事業活動支援（販売促進，ビジネスマッチング，経済ミッションの派遣，受け入れ支援など）

　また，地方自治体の海外拠点は，上に掲げた業務のほか，現地での人的ネットワークづくり，地方自治体トップの海外出張の際の調整業務，地域企業の海外見本市出展支援，地方自治体が所管する港や空港の利用促進（ポートセールス，エアポートセールス），日本語教育の支援，地方自治体職員の国際感覚・語学力の育成など多様な業務を担っている[31]．

## Ⅲ-2　機能別立地状況

　自治体国際化協会の「自治体の海外拠点一覧」に基づき，地方自治体の海外拠点を機能別に分類すると**表3-1**のようにまとめられる．海外拠点は(1) 文化・社会交流や経済交流を含めた総合交流拠点，(2) 経済交流拠点，(3) 人材育成拠点の3種類に分類できる．さらに (1) 総合交流拠点については，地方自治体の姉妹・友好都市との交流をその設立の契機としたものが多く，姉妹・友好都市交流を行っているかどうかでさらに二通りに分類できる．

　2011年に地方自治体が有する146の海外拠点のうち，「文化・社会交流」と「経済交流」の機能を併せ持つ総合交流拠点は37拠点で全体の19.9％である．そのうち，拠点立地にあたって，姉妹・友好都市交流を契機とするものは29拠点であり，総合交流拠点の約78％を占め，総合交流拠点はほとんど姉妹都市提携関係から設置されている．次に，経済交流拠点は107拠点で全体の73.3％を占めており，人材育成拠点は2拠点で全体の1.4％である．

Ⅲ　地方自治体海外拠点の立地展開の特徴　41

表 3-1　地方自治体海外拠点の機能別分類

| 分類名称 | 活動内容 | 拠点数 (%) |
|---|---|---|
| 総合交流拠点 | 学生の相互派遣，姉妹校交流，文化・芸術作品・行政情報の交流など「文化・社会交流」と「経済交流」の機能を併せ持つもの．本分類は，さらに「姉妹・友好都市交流」活動の有無で区別できる． | 37 (19.9) |
| 経済交流拠点 | 地域物産の販売促進，観光客・企業等誘致促進，地域企業による海外事業活動支援（販売促進，ビジネスマッチングなど），経済ミッションの派遣・受け入れなど | 107 (73.3) |
| 人材育成拠点 | 地方自治体職員の国際関係能力や語学能力を高めるもの | 2 (1.4) |

出所）自治体国際化協会「自治体の海外拠点一覧（2011年8月）」より筆者作成．

　これらより，地方自治体が海外拠点を設置する目的は，第一に経済交流促進を期待してのものであり，第二に姉妹・友好都市交流を中心とする文化・社会交流および経済交流である．そして，人材育成のみを目的とする拠点は非常にまれであることがわかる．

## Ⅲ-3　国および都市別立地状況

　「自治体の海外拠点一覧」に基づき，地方自治体海外拠点の国および都市別立地状況は，表3-2のように整理できる．調査が実施された2011年8月時点で地方自治体海外拠点は20カ国・地域，48都市，146拠点にまで世界展開されている[32]．

　ここでは，特定の国および都市への海外拠点立地の集中が特徴として見られる．立地する国は，最も多いのが中国（香港は除く）で59拠点，次に韓国が19拠点，米国が17拠点，香港が7拠点，シンガポールおよびフランスの6拠点，台湾の4拠点となっている．中国・韓国・米国の上位3カ国で95拠点と全体の65.1％を占め，さらに香港・シンガポール・フランス・台湾を含めた上位7カ国・地域で全体の80.8％を占める．

42 第3章 地方自治体による国際的な地域産業政策の変遷

表3-2 地方自治体海外拠点の国および都市別立地状況

| 拠点数(%) | 国　名　（都市名及び拠点数） |
|---|---|
| 59 (40.4) | 中国 (上海36, 大連9, 北京4, 南京3, 広州2, 天津・ハルビン・青島・武漢・湖南省　各1) |
| 19 (13.0) | 韓国 (ソウル14, 釜山4, 忠清南道1) |
| 17 (11.9) | 米国 (ロサンゼルス4, ニューヨーク・サンフランシスコ3, シアトル2・シカゴ・シアトル・メリーランド・シンシナティ・ミシガン州　各1) |
| 7 (4.8) | 香港 |
| 6 (4.1) | シンガポール (シンガポール) |
| 6 (4.1) | フランス (パリ) |
| 4 (2.7) | 台湾 (台北) |
| 各3 (計15) (10.3) | ベトナム (ハノイ2, ホーチミン), タイ (バンコク), オーストラリア (シドニー2, パース1), ドイツ (フランクフルト2, ミュンヘン), イタリア (トリノ・フィレンツェ・ミラノ) |
| 各2 (計8) (5.5) | インド (デリー・ムンバイ), 英国 (ロンドン), ロシア (サハリン州ユジノサハリンスク, ウラジオストック), ブラジル (クリチバ, カンピーナス) |
| 各1 (計5) (3.4) | インドネシア (ジャカルタ), カナダ (トロント), メキシコ (メキシコシティ), スペイン (マドリッド), オーストリア (ウィーン) |

注) 香港は中国とは別に取り扱っている.
出所) 表3-1と同じ.

　都市別に立地拠点を見ると，上海が最も多く36拠点であり，ソウルが14拠点，大連が9拠点，香港が7拠点，シンガポール・パリが6拠点の順となる．上海・ソウル・大連の上位3都市で59拠点が立地し全体の40.4%を占め，上位6都市では78拠点になり全体の53.4%を占める．

　国と都市の関係では，中国の上海，韓国のソウル，フランスのパリなど特定の1都市に拠点が集中しているのに対し，米国についてはロサンゼルスやニューヨーク，サンフランシスコほか分散して立地している．

　多くの海外拠点の立地が集中する都市は，基本的にその国の首都であったり，最も大きな経済都市であったりするが，比較的知名度の低い都市にも立地している．これら知名度の低い都市への立地については，立地選定

Ⅲ　地方自治体海外拠点の立地展開の特徴　43

**表 3-3　姉妹・友好都市交流を理由とした地方自治体海外拠点の設置状況**

| 地域名 | 都市名（国）および立地主体 | |
|---|---|---|
| アジア<br>（9都市） | 上海（中国）：大阪市<br>広州（中国）：福岡市<br>大連（中国）：北九州市<br>香港：兵庫県<br>忠清南道（韓国）：熊本県 | 青島（中国）：下関市<br>天津（中国）：神戸市<br>湖南省（中国）：滋賀県<br><br>釜山（韓国）：下関市 |
| 米　　国<br>（5都市） | シアトル（米国）：神戸市・兵庫県<br>ミシガン州（米国）：滋賀県<br>シンシナティ（米国）：岐阜市 | デンバー（米国）：山形県<br>ロサンゼルス（米国）：名古屋市 |
| 欧　　州<br>（4都市） | パリ（フランス）：兵庫県<br>トリノ（イタリア）：名古屋市 | ウィーン（オーストリア）：岐阜市<br>フィレンツェ（イタリア）：岐阜市 |
| その他<br>（5都市） | パース（オーストラリア）：兵庫県<br>クリチバ（ブラジル）：兵庫県<br>ユジノサハリンスク（ロシア）：北海道 | メキシコシティ（メキシコ）：名古屋市<br>カンピーナス（ブラジル）：岐阜市 |

出所）表 3-1 と同じ.

に際して経済的な理由以外に文化的あるいは政治的な理由が存在している
と推測される.

　次に，姉妹・友好都市交流を中心とする地方自治体海外拠点の設置状況
について整理する（**表 3-3**）．これによると姉妹・友好都市交流を理由とし
た地方自治体の海外拠点は特定の都市に集中せず，中国と米国の都市が数
としては多いものの，後述するようにアジア（特に中国）への重点化は見
られず，広く欧米やその他地域に分散している.

　**表 3-3** を**表 3-2** と比較すると，**表 3-3** で記載されている 23 都市のうち地
方自治体の海外拠点がその都市のみであり，姉妹・友好都市を理由とする
以外にその都市に海外拠点が立地していない都市は 16 都市となっており
全体の約 7 割を占める[33]．これらの都市は，姉妹・友好都市という理由以
外に自治体にとって海外拠点の立地要因がないと考えられる.

　一方，上海，香港，広州，大連，釜山，ロサンゼルス，パリには，これ
らの都市と姉妹・友好都市でない地方自治体が，経済交流の促進などを目

44    第3章　地方自治体による国際的な地域産業政策の変遷

的にして海外拠点を立地させている．日本の地方自治体は，人・モノ・カ
ネ・情報といった経済要素の地理的循環の結節点として，これらの都市を
認識し，都市間の直接的な結びつきを強めようとしている．

　以上のように，本節では地方自治体海外拠点の立地分析を行った結果，
地方自治体の海外拠点の機能は経済交流を中心とするものであり，立地先
としては中国の上海や韓国のソウルなど，特定の国や都市への集中が見ら
れ，多くの海外拠点の立地が集中する都市は，基本的にその国の首都で
あったり，最も大きな経済都市であることが明らかになった．

## Ⅲ-4　地方自治体海外拠点の立地変遷

### （1）　国・地域別の立地変遷

　本節では，数十年といった期間を通じた地方自治体による海外拠点の立
地の変遷を確認する．これにより，地方自治体の国際的な地域産業政策の
重点が地理的にどのように変遷したか分析する．

　日本で最初の地方自治体海外拠点が設置されたのは，1958年の大阪市
による米国シカゴ事務所の設置である．その後，1961年に神戸市が姉妹
都市提携を行っている米国シアトル市の協力を受けて，同市との友好親善
と経済交流事業の拠点として事務所を開設した．その後の自治体海外拠点
の立地展開について，「自治体の海外拠点一覧」に基づき，国・地域別の
年代別変遷を**表3-4**および**表3-5**のように整理すると，いくつかの特徴が
見られる．

　第一に全体の海外拠点数の推移をみると，地方自治体海外事務所の設置
数は一貫して増加しており，特に2001年以降はそれ以前の約5倍のペース
で増加している．進出先の国および都市についても年々増加している．こ
れは，地方自治体が国際的な経済交流を進めることが近年いっそう求めら
れていることを表すものである．

　第二にアジアをみると，2011年に自治体の全海外拠点の7割をアジアが
占めており，また，中国だけで全体の40.4％を占めることから，アジアで

Ⅲ　地方自治体海外拠点の立地展開の特徴　45

表3-4　地方自治体海外拠点の地理的分布の変遷

拠点数，（%）

| | 1981年 | 1986年 | 1991年 | 1996年 | 2001年 | 2006年 | 2011年 |
|---|---|---|---|---|---|---|---|
| アジア | 1 (25.0) | 6 (54.5) | 17 (68.0) | 28 (68.3) | 34 (68.0) | 69 (67.6) | 104 (71.2) |
| 中国 | 0 ( 0.0) | 3 (18.8) | 6 (24.0) | 12 (29.3) | 17 (34.0) | 41 (40.2) | 59 (40.4) |
| 北米 | 3 (75.0) | 4 (36.4) | 5 (20.0) | 5 (12.2) | 6 (12.0) | 15 (14.7) | 19 (13.0) |
| 米国 | 2 (50.0) | 3 (27.3) | 4 (16.0) | 4 ( 9.8) | 5 (10.0) | 14 (13.7) | 17 (11.6) |
| 欧州 | 0 ( 0.0) | 0 ( 0.0) | 2 ( 8.0) | 5 (12.2) | 6 (12.0) | 13 (12.7) | 16 (11.0) |
| その他 | 0 ( 0.0) | 1 ( 9.1) | 1 ( 4.0) | 3 ( 7.3) | 4 ( 8.0) | 5 ( 4.9) | 7 ( 4.8) |
| 合計 | 4 (100) | 11 (100) | 25 (100) | 41 (100) | 50 (100) | 102 (100) | 146 (100) |

注) 香港は中国とは別に取り扱っている.
出所) 表3-1と同じ.

表3-5　地方自治体海外拠点の国および都市別変遷

| 年 | ～1981 | ～1986 | ～1991 | ～1996 | ～2001 | ～2006 | ～2011 |
|---|---|---|---|---|---|---|---|
| 進出国・地域数 | 4 | 6 | 10 | 12 | 14 | 17 | 21 |
| 進出国・地域名 | 香港 シンガポール 米国 メキシコ | 中国 ブラジル | 英国 韓国 台湾 フランス | オーストリア オーストラリア | ドイツ ロシア | インド イタリア スペイン | ベトナム タイ インドネシア カナダ |
| 進出都市数 | 4都市 | 9都市 | 17都市 | 20都市 | 24都市 | 39都市 | 48都市 |

注) 進出国・地域名は，期間内に新規に自治体海外拠点が設置された国・地域の名前．香港は
　　中国とは別に取り扱っている.
出所) 表3-1と同じ.

も特に中国への重点化が見られる.

　第三に北米をみると，拠点の9割以上が米国に集中しており，ブラジル
を含めた米州全体で見ても米国へ一点集中している．北米は，1981年に
地方自治体海外拠点の立地が最も多い地域であったが，1986年にアジア
に抜かれ，以降は年々その割合を下げている．実際のところ，2001年ま
で北米における地方自治体の拠点数はほとんど変わらないにもかかわら

ず，アジアにおいて中国を中心に拠点設置が拡大したため，全体に占める割合は減少している．

　第四に欧州は，1990年にフランスのパリ設置以降，英国，オーストリア，ドイツ，ロシア，イタリア，スペインと拠点立地国が増加するが，拠点全体に占める欧州の割合は10％前後で推移している．

　すでに述べたように，地方自治体海外拠点の設置理由の70％以上が経済交流の促進であり，具体的には地域内企業の貿易や海外進出促進，地域産品の販路拡大，海外企業の誘致といった機能を期待してのものであることから，製造業との関連性が高いと考えられる．そこで，地方自治体の海外拠点の立地行動について，日系製造業の海外拠点の立地行動と比較してみる．

　東洋経済新報社『海外進出企業総覧2012（国別編）』（2011年10月調査）の日本企業の海外現地法人数（製造業）のデータでは，世界全体（9843社）の73.5％を占める7232社がアジアに立地しており，北米に12.1％（1190社），欧州に9.4％（922社）となっている．これは表3-4に示した2011年の地方自治体海外拠点の地理的分布であるアジア71.2％，北米13.0％，欧州11.0％におおむね近い数値となっている．また，日本企業の海外現地法人（製造業）はアジア，北米，欧州に全体の9割以上が集中しており，ブラジルとオーストラリアを除くと，世界の他の地域への立地展開が少ない点も，地方自治体海外拠点の立地と共通している．

　日系製造業と地方自治体の海外拠点の立地変化を対比させると次のようになる．まず，日系製造業の海外拠点の立地変遷については，1970年代前半まではアジアなど発展途上国向けの展開が中心であったが，70年代後半から80年代前半にかけては貿易摩擦などを背景として北米（主にアメリカ）や欧州といった先進国向けの展開が増加した．さらに，1980年代後半には，大幅な円高に刺激されてアジア向け，北米向けともに急増したが，1992年末の欧州市場統合を睨んで欧州諸国向けの展開も活発化した．1990年代に入ってバブル経済の崩壊に伴い日本経済は長期的な景気後退

に直面し，海外展開のペースも一時停滞したが，1992年以降のいっそうの円高を契機としてアジア向けを中心に海外展開が再び増大した．1990年代後半は，アジア諸国の通貨・経済危機の影響もあり，海外展開は減少したものの，2001年の中国のWTO加盟を契機として中国への日系企業の進出が加速した[34]．

　地方自治体海外拠点について，1980年代前半までは米国に大阪市（シカゴ），兵庫県・神戸市（シアトル）が立地している．その設置理由は，対米貿易を促進するための北米市場の調査と販路拡大，中小企業の海外進出サポート，貿易引き合い斡旋，企業誘致，投資促進などとなっており，貿易摩擦の時代に経済交流を促進するため海外拠点が立地されている．ただし，欧州ではこの時期に地方自治体による拠点設置はほとんど見られない．1980年代後半では，アジアへの立地展開が目立っており，静岡県が「プラザ合意以降の急激な円高に伴う県内企業による海外展開を支援する」ためシンガポールに拠点を設置しており，円高が自治体海外拠点の立地に影響を与えていることが確認できる．

　1992年の欧州市場統合関連では，同年に大阪市がフランス・パリに事務所を設置しているが，これは欧州市場統合を睨んでのものであり[35]，1993年には兵庫県がパリに，1994年には岐阜市がオーストリアに拠点を設置している．1992年以降の円高について，中国への海外拠点立地が進み，1994年から1997年までの4年間に静岡県，長野県，岐阜県，茨城県，岡山県，石川県，大阪市の7自治体が上海に拠点を設置している．1998年から2000年にかけて全世界での拠点立地数は2件となっているが，2001年の中国のWTO加盟以降は2003年から2006年まで年間6〜7件の地方自治体海外拠点が中国に立地している．

　このように，地方自治体の海外拠点の立地行動については，世界経済の変動と日系製造業の動きに重なるところが多くあり，地域の製造業の海外ニーズに合わせて地方自治体が海外拠点の立地を進めてきたことがわかる[36]．

48　第3章　地方自治体による国際的な地域産業政策の変遷

## (2)　アジアにおける都市別の立地変遷

　次に，地方自治体の海外拠点数が全体の7割を占めるアジアについて，都市別の立地行動の変遷を**表3-6**のように整理することで，それぞれの都市レベルでの立地行動を考察する．

　**表3-6**に基づき，地方自治体海外拠点の都市別展開の変遷を，立地時期と立地傾向という二つの評価軸から各都市をプロットすると**図3-1**のようになる．

　ここで，それぞれの都市名を円で囲んだ都市グループを上から見ていくと，上海・ソウル・大連からなる第一のグループは，比較的早期に地方自

**表 3-6　アジアにおける地方自治体海外拠点の都市別分布の変遷**

拠点数，（%）

| 年 | 1981 | 1986 | 1991 | 1996 | 2001 | 2006 | 2011 |
|---|---|---|---|---|---|---|---|
| 中国 | 0 ( 0) | 3 (50) | 6 (35) | 12 (43) | 17 (50) | 41 (59) | 59 (57) |
| 　上海 | 0 ( 0) | 1 (17) | 3 (18) | 8 (29) | 12 (35) | 26 (38) | 36 (35) |
| 　大連 | 0 ( 0) | 0 ( 0) | 1 ( 6) | 2 ( 7) | 2 ( 6) | 7 (10) | 9 ( 9) |
| 　北京 | 0 ( 0) | 0 ( 0) | 0 ( 0) | 0 ( 0) | 0 ( 0) | 1 ( 1) | 4 ( 4) |
| 　南京 | 0 ( 0) | 0 ( 0) | 0 ( 0) | 0 ( 0) | 1 ( 3) | 2 ( 3) | 3 ( 3) |
| 　広州 | 0 ( 0) | 1 (17) | 1 ( 6) | 1 ( 4) | 1 ( 3) | 1 ( 1) | 2 ( 2) |
| 韓国 | 0 ( 0) | 0 ( 0) | 3 (18) | 6 (21) | 6 (18) | 14 (20) | 19 (18) |
| 　ソウル | 0 ( 0) | 0 ( 0) | 1 ( 6) | 3 (11) | 3 ( 9) | 10 (14) | 14 (13) |
| 　釜山 | 0 ( 0) | 0 ( 0) | 1 ( 6) | 2 ( 7) | 2 ( 6) | 3 ( 4) | 4 ( 4) |
| 香港 | 1 (100) | 2 (33) | 4 (24) | 5 (18) | 5 (15) | 6 ( 9) | 7 ( 7) |
| 台湾　台北 | 0 ( 0) | 0 ( 0) | 1 ( 6) | 1 ( 4) | 2 ( 6) | 2 ( 3) | 4 ( 4) |
| シンガポール | 0 ( 0) | 1 (17) | 3 (18) | 4 (14) | 4 (12) | 5 ( 7) | 6 ( 6) |
| タイ　バンコク | 0 ( 0) | 0 ( 0) | 0 ( 0) | 0 ( 0) | 0 ( 0) | 0 ( 0) | 3 ( 3) |
| ベトナム | 0 ( 0) | 0 ( 0) | 0 ( 0) | 0 ( 0) | 0 ( 0) | 0 ( 0) | 3 ( 3) |
| 　ハノイ | 0 ( 0) | 0 ( 0) | 0 ( 0) | 0 ( 0) | 0 ( 0) | 0 ( 0) | 2 ( 2) |
| 合計 | 1 (100) | 6 (100) | 17 (100) | 28 (100) | 34 (100) | 69 (100) | 104 (100) |

注)アジアにおいて，2カ所以上の自治体海外拠点を有する都市を抽出した．中国・韓国・ベトナムについて，その他にも拠点都市があるため，都市別の合計数は国別の集計に一致しない．
出所) 表3-1と同じ．

Ⅲ　地方自治体海外拠点の立地展開の特徴　49

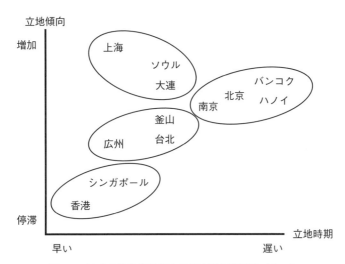

**図 3-1　地方自治体海外拠点の都市別立地展開パターン**
出所）筆者作成.

治体海外拠点が立地しており，そのまま増加傾向にある立地集中都市といえる．北京・南京・バンコク・ハノイからなる第二グループは，急速に立地展開が進んでいる都市である．釜山・台北・広州からなる第三グループは，早期から立地が進んでいたが，その後の拠点設置は進まず，全体として停滞傾向にある都市である．最後に，シンガポールと香港からなる第四グループは，早期に地方自治体の拠点立地が進んでいたが，海外拠点の増加に伴いその存在感が薄れている都市である．

　このような地方自治体海外拠点の立地行動を世界都市システムの観点から考察すると，ニューヨークやロサンゼルス，パリといった世界都市について地方自治体の海外拠点が立地しており，アジア第1次レベルに位置づけられる多国籍企業のアジア統括拠点であるシンガポールや香港といった都市にも1980年代中頃から立地されていたが，2000年ごろを境にして上海・大連・ソウルといった都市への集積が高まっている．

　特に上海は，27道府県，8政令市が拠点を設ける一大集積地となってお

り，地方自治体による地域物産の販売促進や地域企業による海外事業活動支援といった産業振興活動の，アジアにおける結節点として際立った存在となっていることが明らかである．一方で，中国の首都である北京については，北海道，山梨県，札幌市，新潟市の4自治体が拠点を設けるのみであり，その都市の規模および影響力とは不釣合いになっている．これは，海外拠点の立地に関してノウハウおよび資金面で余裕のない地方自治体にとって，中国での唯一の拠点立地として，日系企業が多く集積するとともに，沿海部の中間に位置し中国各地へのアクセスに便利な上海を選択しているのであろうと考えられる．

# IV　地方自治体国際戦略の事例分析

## IV-1　地方自治体国際戦略の定義

　前節までの地方自治体海外拠点の立地展開の分析で見たように，グローバルな都市間競争が地域社会への影響を高めるなか，人・モノ・カネ・情報の国際的な交流が地方自治体の地域政策課題としていっそう重要性を増している．そこで，海外のクラスターとのネットワーク化や国際競争力のある産業集積の形成促進に向けて，地方自治体の取り組みを総合的に比較検討する必要がある．

　その際には，地方自治体の個々の政策でなく，国際的な地域産業政策としてどのような地域と連携を図ろうとしているのか，また，どのような産業分野を重視しているのかといった点に注目して，地方自治体が策定している「国際戦略」を研究対象とする．国際戦略とは，自治体が設ける行政計画であり，その地域が海外とどのような関係性を築きたいか，決意を表明するとともに，その方針と具体的な施策のメニューを記すものである．人や予算など資源制約があるなか，行政としてどのような分野に重点的に

取り組み，海外との交流のなかから，地域を発展させる機会を創造するかを示す．本節ではその内容を比較検討する．対象地域は日本国内でも人口が集中しており有数のクラスターが存在するといえる愛知県と大阪府，そして福岡市であり，これらの地域を事例研究として取り上げる．

## Ⅳ-2　愛知県「あいち国際戦略プラン」

　愛知県は2008年3月に「あいちグローバルプラン」を策定して，2012年度までの5年間に取り組むべき施策の方針を示し，国際化に関連する施策を実施した．そして，同年秋のリーマンショックなど大きく変化する国際情勢に対応して施策を展開していくため，「世界と闘える愛知に向けて中長期的に目指すべき‘あいちの姿’」をイメージし，それを実現するための国際戦略が必要であるという問題意識のもと，計画期間を2013年度から2017年度の5年間とする「あいち国際戦略プラン——アジアの活力を取り込み 世界と闘えるあいちを目指して」を2013年3月に策定した．

　「あいち国際戦略プラン」は，急速かつ大きく変化する国際情勢をふまえ，成長著しいアジアの活力を取り込むことを念頭に，今後5年間に愛知県が取り組むべき「国際人材戦略」，「産業グローバル戦略」，「魅力AICHI戦略」の三つの分野別戦略と，これらを横断する戦略として「アジアパートナーシップ戦略」を位置づけている（**図3-2参照**）．

　あいち国際戦略プランでは，第一に国際人材戦略として，小中高等学校での英語教育の強化，留学の促進，大学でのグローバル人材育成，留学生の受け入れ拡大・定着支援を進める．第二に産業グローバル戦略として，中小企業の海外進出支援，海外見本市への出展支援，海外への販路開拓支援，港湾ポートセールスや対日投資有望企業の誘致を行う．第三に魅力AICHI戦略として，外国人観光客の誘致に向けた施策や多言語での情報発信，集客力あるイベント，コンベンション誘致，地域空港の航空ネットワークを充実させる．特に，海外連携地域向けの魅力発信および交流として，2012年7月に地方自治体間で連携協定を結んだタイのバンコクからの

図3-2 あいち国際戦略プランの戦略と施策
出所）愛知県（2013），p.16

来訪者増加に向けて，タイの国民性や関心事項をふまえた愛知県の魅力をタイ語で発信するとしている．

そして，上記三つの戦略を貫く地理的なビジョンとしての「アジアパートナーシップ戦略」では，著しい発展を続けているアジアの活力を取り込みながら分野別の戦略を推進し，それぞれの特性に合わせて重視すべき地域を適切に見定め，特に関係を深めることが望まれる国・地域とは，行政間で協定を結ぶなどパートナーとしての関係を構築し，互いが求める連携・協力事業を推進し，両地域双方にとって有益な連携関係を構築すると定めている．また，その方向性としては，従来の国際親善交流の枠を超えた実利につながる交流を進めるため，互いの地域特性を活かすことのできる国・地域と新しいパートナー関係を構築する．さらに，必要に応じて連携・交流を産・学へと発展させていくとした．

今後，パートナーとして連携していく相手は，自治体に限定せず，政府機関を含めて候補とし，それぞれの地域特性に応じた連携関係の構築をめざす．連携先候補として想定される地域特性としては，例えばGDPが大

幅に増加しているなど経済発展が著しいこと，愛知県の主力産業が進出していること，来日者数が多い，あるいは来日者数が大幅に増加しているなど人的交流が活発化していること，大学間連携や教育が盛んであること，地域の将来性などがポイントであり，パートナー地域とは，すでに提携している地域を含めて，両地域の特色を活かせる分野に重点を置いた連携事業を進め，互恵的な発展をめざすとしている．

　このように，愛知県の国際戦略は，人材育成，ビジネス，観光という分野別にアジアの諸地域と連携すること，具体的な方針として行政間で協定を結んでパートナーとなり，そのG to Gのグローバルパイプラインを基盤として，国際交流の枠を超えた実利につながる交流を産・学まで分権的なネットワークとして面的に拡大発展することを狙いとしている．

## Ⅳ-3　大阪府「大阪の国際戦略」

　大阪の国際戦略は，2013年1月に策定した「大阪の成長戦略」をふまえ，2020年を展望しつつ2015年までに大阪府・大阪市が広域的な観点から取り組む国際化施策の方向性および具体的施策を明らかにするための行政計画である．その目標は大阪の国際競争力の強化であり，国際的な活力と魅力をもち，多様な価値を認め合いながら持続的に発展する大阪を実現するために，(1) 世界・アジアから，多くの人・モノ・資金を呼び込む，(2) 人材・技術の国際競争力を高める，(3) 諸外国都市との相互利益の関係を築くことにより，大阪の国際競争力の強化を行うとしている．

　この戦略では，最も必要性の高い，成果を出せる施策かという「選択と集中」と，人・資金・ノウハウ・ネットワークなど，大阪に今ある資源を最大限に有効に活用できているかという「資源の有効活用」を重視している．そして，交流事業の「選択と集中」という観点から，中小企業支援，観光客誘致，都市問題の解決等の大きな効果が認められる事業の中でも，現地行政への働きかけ・連携が効果的な，地方自治体としての取組効果が大きい交流に集中するとしている．

54 第3章 地方自治体による国際的な地域産業政策の変遷

交流地域の選択については，世界に占めるGDP比や国際市場が急速に拡大し，年々成長を続けるアジアとの交流を基本と位置づけて，互恵的な関係を形成し，アジアの都市とともに持続的な発展をめざす．さらに，交流分野は，大阪のイノベーションを創出し，人材・技術の国際競争力を高めるため，欧米等の地域は，特に特定分野（例えば，環境・バイオ・新エネルギー・ロボットテクノロジーなどの先端産業，「水と光」など都市魅力を伸ばす分野など）に着目した交流を推進する．一方で，これまでの友好関係を維持してきた姉妹都市等は，今後も相互にメリットを追求する．

大阪の国際戦略の特徴として注目すべきは，大阪が現在有している国際ネットワークを「資源として理解する」としたところが，より踏み込んだ視点である．さらには，アジアとの交流を重視するという地理的方針を示すとともに，特に環境，バイオ，新エネルギーといった特定の産業分野についてそれぞれの強みのある地域と連携し，地方自治体としての取組効果が大きいところに資源を集中することを指し示したところがユニークであり，第6章で論じるスマートスペシャリゼーションにもつながる方向性が示されている．

## Ⅳ-4 福岡市のアジア政策

福岡市アジアの拠点づくりとして，福岡市は1987年10月の「基本構想」で初めて「国際化」をまちづくりの柱とし，四つの都市像を掲げた最後に「活力あるアジアの拠点都市」を謳った．1996年の第7次基本計画では，福岡を「環黄海経済圏に位置し日本各地とアジア諸地域を結ぶ地の利を有する」都市と位置づけ，学術・文化・市民レベルの多様な交流により多層的ネットワークを創るとしている．

1980年後半以降，福岡市の国際化政策は大きな変化が見られた．第一に姉妹都市の締結都市の傾向として，交流地域がアジアにシフトした．第二に「友好・平和・親善」を目的とする交流から，「相互の社会と経済の発展に貢献」するものと，実質的に有益な交流が期待され，国際交流が都市

の発展戦略として位置づけられた．1989年の釜山広域市，93年のアトランタ市との姉妹都市締結においては，交流目的に「両市の社会，経済の発展」が初めて登場している．第三に二都市間交流から多都市間＝多軸間交流へと広域的に連携した国際交流であり，1991年より「東アジア都市会議（日本，韓国，中国から各2市，日本側は北九州市と下関市），94年には福岡市の提唱により「アジア太平洋都市サミット」（11カ国地域から12都市参加）が開催されている．

1996年3月の市産業構造ビジョンでは，福岡市がめざす都市経済像の基本理念を「アジア規模に広がる経済交流のなかで，知性，感性にあふれた創造的活動と，多面的な経済交流を担う都市」と設定している[37]．

このように福岡市は比較的早くから国際交流を都市の発展戦略として位置づけるとともに，多都市間でG to Gのネットワークを積極的に構築しているところが注目される．

# V　おわりに

本章では，地方自治体の海外拠点と国際戦略を題材として取り上げ，地方自治体がこれまでどのように海外と接し，今後どのように接しようとしているのかを確認してきた．地方自治体の海外拠点の立地は，海外オフィス立地の一つのケースである．海外オフィス立地に関する従来の研究は，主として多国籍企業の中枢管理機能の立地の側面から，世界都市システムとの関連で論じられてきた．地方自治体の海外拠点の立地においても，経済交流の促進を目的にした海外拠点の場合は，人・モノ・カネ・情報といった経済要素の地理的循環の結節点と見なされ，世界都市システムの主要都市へと立地する傾向が見られる．

ただし，地方自治体の海外拠点は，地域の企業（特に製造業）の海外進

出をサポートする面があるため，その立地は日系製造業の海外立地パターンに左右されてきた．また，文化・社会交流の促進を目的にした地方自治体海外拠点は，当該自治体の姉妹・友好都市に立地するため，世界都市システムとは関連性のない立地となる場合もある．

　オフィス立地を決める要因としては，情報収集やサービス提供を行う人（オフィスのスタッフ）の地理的移動に関する要因がある[38]．地方自治体の海外拠点のスタッフは，現地で情報収集やサービス提供を行うためのスタッフであり，海外拠点の立地がどこになるかは，その地方自治体にとって世界のどの国・どの都市で情報収集やサービス提供をする必要があるのかによって決まる．

　そして，地方自治体が世界のどの地域と連携することを選択するかは，自治体が国際戦略などの大局的な観点から戦略的に判断される必要がある．国際戦略の事例研究で見たように，今日の地方自治体はかつての姉妹友好から実利に基づく相互利益の国際連携を重視している．それぞれの地域の特色や特定の産業分野の強みを活用して，双方にメリットのある交流のため，行政間で協定を結びG to Gのグローバルパイプラインを基盤に，地域の企業や研究機関の参加を求める分権的なネットワークを構築し，それを多都市間に拡大しようとしている．

　地方自治体海外拠点の立地について，その初期には，友好交流都市との関連性のなかで設置されたものが多く，その役割は，地域の中小企業の海外展開といった経済交流促進のほか，文化的な国際交流を主とするものであった．しかし，時代が下るにつれて，それぞれの地域の強みを活かした戦略的な立地行動がなされている．過去からこれまで地方自治体はどのような観点から海外と接してきたのかという点で，政治・行政的立地から経済的立地への変遷が見られ，姉妹都市，友好都市交流としての国際交流から，実利を求めるパートナーシップへと重点が変わりつつある．

　このような分析をふまえたうえで，地方自治体の海外拠点の主な役割は**図3-3**のように，現地政府との人的ネットワークづくりを通じた情報収集

V おわりに　57

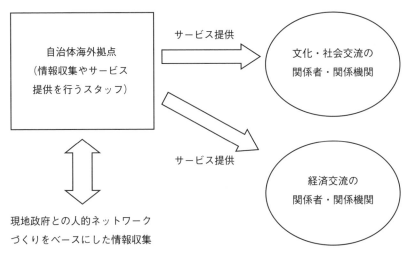

**図 3-3　地方自治体の海外拠点の主な役割（立地を決める背景）**
出所）筆者作成.

であるG to G型をベースとしながら，文化・社会交流の関係者・関係機関へのサービス提供や，経済交流の関係者・関係機関へのサービス提供といった二つのタイプのサービス提供を行っていると整理することができる．第2章で述べたとおり，G to Gのネットワーク活用が地方自治体によるクラスター連携にとって重要である．地方自治体の海外拠点が立地している国や，周辺国の関係機関とG to Gでグローバルパイプラインを構築して地域間の信頼性を高め，ビジネス，アイディア，知識や技術の流通をいっそう円滑にする．

　海外拠点は，設置元の地方自治体が地理的な距離を超えて海外に設けた地域の窓口であり，その地域への入り口となる存在である．地域の代表機関として海外拠点はその地域の利益のためにネットワークを構築する．対応する外国政府機関と頻繁に対面的な接触を行い，繰り返しの意見交換を通じて担当者レベルの人間関係を構築し，信頼を醸成する．

　こうして，経済交流などの実務においてビジネスマッチングや企業による海外訪問団を派遣する際に，それぞれの事業を行う関係者のコミットメ

ントが高まることで，事業の成功度を高めることとなる．それは互酬性の原理のもと，双方の地域にとってメリットが認められる交流を行うものである．

そして，G to Bの観点から地方自治体の海外拠点は，地域の中小企業による海外展開を支援し，海外の企業や研究機関に対して自らの地域の情報を発信し，その地域でビジネスを行うことを希望するアクターに対して情報提供やビジネスマッチングを行う．地方自治体という行政組織が海外拠点を通じてこれらの取引に関与することで，公的資源の活用により双方の情報の非対称性を解消し，民間企業による経済活動の取引コストを削減するものである．

地方自治体による海外拠点の立地展開は，国際的な地域産業政策の一つである．海外拠点は地方自治体の組織の一部であり，その管轄地域から遠く離れた海外に立地して，その地域を代表する役割を果たす．すなわち，地方自治体の海外拠点は，G to Gのグローバルパイプラインを構築する拠点としての役割が存在し，また，国境をまたいで経済交流を行う際のビジネスマッチングや研究機関の提携先の紹介などゲートキーパーとしての役割も求められる．

本章では，地方自治体の海外拠点の立地展開と国際戦略について考察を行ったが，その研究上の意義は，第一に産業立地論の観点から，地方自治体の海外拠点の立地に関する分析視角を提示したことである．第二に地方自治体の海外拠点の歴史的変遷を，地理的側面から分析したことである．第三にこうした自治体海外拠点の立地展開と国際戦略の分析から理論的検討を行ったことである．

地方自治体の国際関係業務に関する研究は少なく，特に地方自治体の海外拠点について，歴史的変遷を含めて研究したものは，本書が初めてであると考えられる．産業立地論では営利組織である企業の立地行動について説明するが，行政組織である地方自治体の行動についてはほとんど研究がされていない．その点で，本章では，地方自治体の海外拠点が日系製造業

の海外展開に伴うような形でアジアを中心に立地展開されてきたことを明らかにした.

そして,地方自治体の国際戦略の分析からは,今日の地方自治体が国際交流を都市の発展戦略として位置づけて,アジアを中心にG to Gのグローバルパイプラインを基盤として,場合によっては多都市間でネットワークを構築し,国際交流の枠を超えた実利につながる交流を進めていること,特に環境,バイオ,新エネルギーといった特定の産業分野についてそれぞれの強みのある地域と連携しようとしていることを明らかにした[39].

次章では,地方自治体のクラスター連携に関するグローバルパイプラインとしての役割について事例により詳しく検討する.

**注釈**

26) 本書における海外拠点の定義は自治体国際化協会に準じ「名義,形式の如何を問わず,各自治体の指揮命令の下に,専ら当該自治体の事務を行うもの(業務委託による場合もこれに含む)」としている.

27) 日系企業の海外拠点の立地研究には,電機メーカーの生産配置とアジア展開について鈴木(1999),繊維メーカーおよび総合商社繊維部門のアジア立地について佐藤(2003,2004),銀行業の中国展開について鈴木(2011)などがある.

28) 企業の海外拠点に関する立地分析の方法として鈴木・桜井・佐藤(2005)pp. 11-13を参照されたい.

29) Hymer(1979)は,多国籍企業にとって国境線というのは自動的に消滅してしまうインクで書かれた区画にすぎず,多国籍企業を分析する単位としては国家より都市のほうが意味があるとした.そして,多国籍企業による資本の集中化は都市の世界的ヒエラルキー化を意味する一方で,対抗する概念として都市が横のコミュニケーションの紐帯による多極的ネットワークとして発展するようなグローバル・ヴィレッジが存在しえるとした.多国籍企業の立地活動を事業活動,調整,戦略の三つの段階に分類し,事業活動は人間,市場,原料の牽引力に応じて世界中に拡散する.調整活動はホワイトカラーやコミュニケーションシステム,そして情報を必要とするところから大都市に集中する.戦略を行う総合本社は資本市場,情報媒体,政府の近くに立地していなければならないとし,国際的レベルから見ると多国籍資本の集中化傾向は都市の世界的ヒエラルキー化を意味していると指摘した.特に主要大都市は,特別の社会的資本や特権を提供することで地域司令部になろうと競い合い,たえず技術革新を行い,周辺地域に向って活発に浸透していき,多国籍企業の経済力が集中している都市(グローバル・シティ)は,その市民に対して最良の職と最良の機会を提供するとした.そして,こういった都市のヒエラルキーとは異なる形態の組織化が可能であり,横のコミュニケーションの紐帯による多極的ネットワークとして発展し,そのネットワー

ク内のどの点もその他すべての点と直接結合することが可能であるようなグローバル・ヴィレッジが存在すると予測した(Hymer, 1979, 宮崎訳, pp. 364-372, 394-397, 404-405).

30) 田坂は，国境を越えたネットワーク型産業集積が広がるにつれ，地理的に分散立地した生産ブロック間のコミュニケーションや調整を行うサービス・リンクス機能の重要性が増すとしている(田坂, 2005, pp. 31-32).

31) 各都道府県・政令市の海外拠点に関するホームページを参照した.

32) 自治体国際化協会は，2011年8月時点で，全都道府県・政令市，中核市，特例市，その他協会において海外拠点の設置を把握していた一般市を調査対象として，設置団体，拠点名，設置国，拠点都市，拠点形態，設置年度(廃止年度)，主管部課名，職員数(日本からの派遣職員，現地職員)，設置理由，主な活動内容等を照会調査している. 地方自治体が独自の拠点を設置するのではなく，行政機関等に駐在員として職員を派遣する場合も含む. 例えば，滋賀県は友好州省である中国・湖南省，アメリカ・ミシガン州に県職員を駐在員派遣している.

33) シアトルは，神戸市と兵庫県がそれぞれ姉妹都市を理由として海外拠点を立地させていることから16都市に含めている.

34) 日系企業による海外拠点の立地変遷について鈴木(1999)，鈴木・桜井・佐藤(2005)を参照のこと.

35) 1991年2月21日の大阪市議会において大阪市長の西尾正也は「今後刻々と変化する世界経済の動きを的確に把握いたしまして，本市中小企業などへ効果的に情報提供を行ってまいりたいと考えております. そのため1992年の先ほど議員もおっしゃっておりました市場統合により世界経済の中でますますウエイトの高まるEC経済圏における大阪の活動拠点として，例えばパリ，ブリュッセルその他ECの中枢都市の中のいずれかに新事務所を開設するために調査検討を実施いたしまして，ソフト面での国際経済機能の充実にも努めてまいりたいと考えております」と答弁している.

36) 自治体海外拠点の立地件数および立地理由については，自治体国際化協会「自治体の海外拠点一覧(2011年8月現在)」に基づいている.

37) この福岡市の事例整理は野間(2000) pp. 190-197に基づく.

38) 富田(1996)は，オフィス立地の理論としてヘイグ(Haig, R. M.)の説を紹介しながら，都心地区におけるオフィス集積の主因は，情報収集や諸会議のための人的な接触の利益が得られることにあると指摘している.

39) 今後の研究課題として，米国やドイツの州政府事務所，中国や韓国の地方自治体の海外事務所が日本において立地していることから，これらの機関が果たす役割についても調査することが必要であると考える.

# 第4章

## 国際的な政府間関係構築による地域産業政策

### ―地方自治体による上下水道事業の海外展開研究―

## I　はじめに

　本章では，地方自治体の国際的な地域産業政策の一つとして，日本における上下水道事業が国の産業政策として海外展開する機運が顕著に現れていることについて，その現状を明らかにする．これにより第三の研究課題である，地方自治体の国際的な地域産業政策の実践に関する組織形態や地域外との連携の手法について検討し，特にグローバルパイプラインとしての地方自治体の役割を考察する．

　これまで日本の輸出指向型経済のけん引役となってきた自動車や家電産業が，グローバルな競争の過熱によりその成長に限界が見えてきており，新たな経済成長のエンジンを模索するなかで，上下水道の海外展開がインフラ輸出として注目されるようになっている．

　日本の上下水道事業は法律により地方自治体が供給責任を負い地域独占的に事業を行うこととなっており，国内の水道および人口100万人以上の都市の下水道の普及率は，ほぼ100％となっている．

　しかし，世界に目を転じると，日本と同等レベルのきれいな水を安定供給し，汚水を環境負荷の少ないレベルにまで浄化して公共用水域に放流できている国や都市は限られている．経済発展の著しい新興国において，今後の環境への意識の高まりとともに，高品質の上下水道サービスに対する

ニーズが拡大することは確実である．実際，欧米の巨大多国籍企業は水ビジネスをグローバルに展開しており，フランスなどを中心に1億人以上に水道サービスを供給する会社が新興国の水道産業に参入している[40]．

近年，日本においては上下水道事業を担う地方自治体で，特に100万人以上の地域住民にサービスを供給している政令市がその中心となって水関係企業と共同し公民連携による海外展開を行っている．

通常は利潤動機をもたず業務地域が明確に規定されている地方自治体が，地域の水関係企業による海外でのビジネス機会創出を目的として，地域独占の上下水道事業を海外展開する．このように，地方自治体が国際的な地域産業政策として「地域の経済発展と国際貢献」を目的に海外へ事業展開することは極めて異例であり[41]，それゆえに，その動機や事業内容を明らかにすることは意義があると考える．

本章では，上下水道事業の海外展開の機運がどのように高まってきたか，まず日本政府の動きを整理する．次に，日本における大規模上下水道運営事業者である東京都など地方自治体の海外展開の取り組みや実績について事例研究を行い，その特徴を分析するとともに，地域産業政策としての有効性について考察する．

## Ⅱ　地域産業政策としての上下水道事業海外展開

日本において地方自治体による上下水道事業の海外展開がどうして求められるようになったのか，日本政府の検討経過を整理する．停滞する日本経済の活性化施策として，海外水インフラ整備事業の日本企業による受注促進について検討した初期の調査として，2008年1月の厚生労働省による「水道分野の国際貢献と産業界の海外展開調査報告書」がある．この報告書では，日本が東アジアの市場にアプローチするためには，日本の上水道

Ⅱ　地域産業政策としての上下水道事業海外展開　63

ビジネスを技術・調達・建設中心からサービス提供型に転換するほか，国内企業の人材育成や海外企業との連携が課題として述べられている（厚生労働省，2008，pp. 34-35）．

これに引き続き厚生労働省は，水道産業の国際展開を支援するため，水道産業国際展開推進事業として2008年度より5カ年計画で中国，カンボジア，ベトナムを対象とする実地調査を行っており，学識経験者，地方自治体，水関係企業からなるワーキング・グループを設置して海外展開方策を検討した．

一方，2008年1月，経済産業省は日本の強みを生かした水ビジネス・水資源に関する戦略を大局的見地から検討するため水資源政策研究会を設置した．研究会が同年7月に発表したとりまとめでは，水ビジネスの国際展開に向けて，(1) 地域の特性に応じた戦略マップの作成，(2) 国際展開のための推進体制の整備，(3) モデル事業の創出・展開，(4) 人材育成，(5) 国際標準化，(6) 研究開発の推進を提示している（経済産業省，2008，pp. 15-20）．

2009年10月，経済産業省は，世界的な水問題に対して日本企業の強みを生かしてその解決に貢献するとして水ビジネス国際展開研究会を設置した．国会でも政府としての水ビジネスの振興が議論されるようになり[42]，2009年12月に閣議決定された新成長戦略（基本方針）では，「日本の『安全・安心』等の技術のアジアそして世界への普及」として，環境技術において日本が強みを持つインフラ整備をパッケージでアジア地域に展開・浸透させ，日本の技術・経験をアジアの持続可能な成長のエンジンとして活用することを示した．具体的には，新幹線・都市交通，水，エネルギーなどのインフラ整備支援や，環境共生型都市の開発支援に官民あげて取り組み，同時に，土木・建築等で高度な技術を有する日本企業のビジネス機会を拡大し，インフラプロジェクトの契約・管理・運営ノウハウの強化に取り組むとしている（首相官邸，2009，pp. 12-13）．

2010年5月，総務省が発表した地方自治体水道事業の海外展開検討チー

ム中間とりまとめでは，新成長戦略を受けて政府のアジア経済戦略に地方自治体も一定の役割を求められるとした．そして，地方自治体の水道事業に関する国際協力は，従来の豊富な経験・知見を活かした技術援助を中心とする政府開発援助（ODA）から，世界的にも高水準にある我が国の官民それぞれの水道技術やノウハウを活用し，連携して国際展開を図っていくことが，国際貢献や我が国経済成長の観点からも重要であるとしている．そこで掲げられている地方自治体の水道事業が海外展開を行う趣旨・目的は**表4-1**のとおりである．

　ここで特に注目しておきたいのは，国の方針としても，地方自治体による水ビジネスの海外展開が地域産業振興施策として位置づけられていることである．中間とりまとめには，地方自治体の水道事業に関する国際協力は，従来の豊富な経験・知見を活かした技術援助を中心とするODAから，世界的にも高水準にある日本の官民それぞれの水道技術やノウハウを活用し，連携して国際展開を図っていくことが，国際貢献や日本の経済成長の観点からも重要であり地域の産業振興にも資すると述べられている（総務省，2010，pp.1-2）．

　2010年6月に閣議決定された「成長戦略〜「元気な日本」復活のシナリオ〜」では，新成長戦略をより具体化し，パッケージ型インフラ海外展開

**表 4-1　地方自治体の水道事業が海外展開を行う趣旨・目的**

| | |
|---|---|
| 水道事業のビジネスとしての海外展開と国際貢献 | 海外の水道技術の普及・発展に寄与し，現地の生活水準の向上を通じて開発効果をもたらし国際貢献になる |
| 水道事業の持続性確保 | 知識・技能が有効活用され，また，厳しい経営環境にある水道事業体の新たな収入源にもなる |
| 技術の継承と人材育成（レベルアップ） | 水道職員の技術継承やリスク管理の実践の場にもなるとともに，その経験のフィードバックにより人材育成にも通じる |
| 地域産業振興 | 水道事業の海外展開を官民連携して実施することは地域の産業振興にも資する |

出所）総務省（2010）「地方自治体水道事業の海外展開検討チーム中間とりまとめ」1・2頁より筆者作成．

として自治体水道事業の海外展開策を推進し，インフラプロジェクト専門官（仮称）の在外公館内設置や政府関係機関によるファイナンス機能の確保などの取り組みを実施し，2020年までに19.7兆円の市場規模をめざすとしている．さらに，同年7月日本政府は上下水道など海外の水インフラプロジェクトに関して，水源確保から上下水道事業までの水管理をパッケージとして捉え，官民による情報の共有・交換を行うための場として海外水インフラPPP協議会を設立した．

　2011年の東日本大震災を経て，日本政府は日本の再生に向けた取組方針として，財政・社会保障の持続可能性確保と新たな成長へ向けた国家戦略の再設計・再強化を提示し，産業空洞化防止と海外市場開拓戦略としてパッケージ型インフラ海外展開の実施を確認した．同年6月，日本政府は海外水ビジネス展開に対する政府の取り組みとして，(1) 国際入札案件に必要な事業経験をもつ民間プレイヤーを早期に育成する，(2) 事業案件の形成段階から関与をして，日本企業が参画できるようにする，(3) 高効率あるいは省水型の技術を実証して，世界の人々に我が国の技術を見えるようにする，(4) 資源獲得と連動したビジネス展開をするという四つの視点が重要であるとしている．

　これらの国の動きより，地方自治体の上下水道事業に関する国際協力は，従来の経験と技術を有する職員の海外派遣，国際協力機構（JICA）からの研修生の受け入れなどの人材交流を中心とするものから，地方自治体が民間企業と連携して海外展開することが国際貢献や日本経済発展のために必要であるとの方針が整理され，官民を交えた関係者の間で情報共有を行い，事業連携を促進する組織が設置されるような方向へ転換されてきたことがわかる．

## Ⅲ　事例研究　大都市地方自治体による上下水道事業海外展開

　本節では東京都，横浜市，大阪市および北九州市という人口も多く，積極的に上下水道事業の海外展開に取り組んでいる都市について事例調査を行うことで，その特徴を明らかにする．そして，海外展開を行うにあたっての目的をどのように整理しているか，その目的達成のためどのような組織を設け，どのような活動を行っているかという三つの視角を重視して各都市の比較を試みる．

### Ⅲ-1　東京都の取り組み

　2010年1月，東京都は2010年度から2012年度を計画期間とする東京水道経営プラン2010を策定した．そこでは水道事業の海外展開について，JICA等を通じた海外研修生の受入れや職員派遣といったこれまでの取り組みに加え，東京都水道局が51％を出資する東京水道サービス株式会社の高い水道技術や運営ノウハウを活用した国際貢献を実施するほか，海外に調査団を派遣して東京水道の技術・ノウハウをアピールするとした．

　東京都による外郭団体の東京水道サービスを用いた事業スキームは図4-1のとおりである．

　そして，海外展開をより具体化するために，国内外の情報収集・整理や実状調査，ニーズに応じたビジネスモデルの構築が必要であるとして，東京都水道局と東京水道サービス株式会社が一体となって，海外事業調査研究会の設置やミッション団の海外派遣，コンサルティングや施設管理の受注に向けたビジネスモデル展開・参画を行うという実施方針を策定した[43]．

　また，東京都水道局は，各国の数多くのニーズに対応し世界の水問題を解決するためには，民間企業と連携した多様かつ持続可能な対応が必要で

Ⅲ 事例研究 大都市地方自治体による上下水道事業海外展開 67

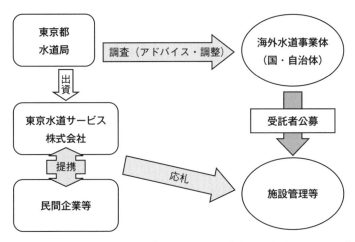

**図 4-1 東京都の東京水道サービスを活用した水道事業の海外展開イメージ**
出所）筆者作成．

あるとして，民間企業支援プログラムを創設し，あらかじめ登録した民間企業に対してマッチング機会の提供や水道局所管施設への視察受け入れ，相手国政府等への協力表明などの支援を行うとした．

東京都の海外展開先であるマレーシアとベトナムでは，JICAの資金により，東京水道サービスと民間企業グループによる無収水対策や新たな施設整備などの事業化に向けた調査を実施し，漏水防止技術や浄水処理技術などを活用し，プロジェクト実現のための詳細な提案を行っている．

また，2010年5月に三菱商事を代表とする日本企業グループがオーストラリアで同国の水道会社を買収した際には，東京水道サービスが現地の水道の状況を把握するための基礎調査を実施するとともに，事業運営に対する改善提案を行うことになった．

2011年10月には，ベトナム・ハノイ市の日量15万トンの浄水場を建設するプロジェクトについて，東京水道サービス株式会社と日系水処理企業，ハノイ市水道公社の3社が合弁会社を設立し，浄水場の建設と維持管理を担うと発表された[44]．そのほか，東京都水道局はインドネシア，イ

68 第4章 国際的な政府間関係構築による地域産業政策

ンド, モルディブ, バングラデシュに向けて, 海外水道事業体のニーズや実状等を把握し, 東京水道サービスの技術・ノウハウをアピールして新たなニーズの掘り起こしを行うミッションを派遣している.

下水道の分野では, マレーシア政府からの要請に応じて, 東京都下水道サービス株式会社と東京都が連携し, 2011年3月同政府へ下水道再整備に関するマスタープランを提出し, 具体的な下水処理施設の建設, 運営から事業の収支に至るまで事業化に向けた計画策定が進められている. さらに, 下水道局が有する250に及ぶ特許を活用し, 2010年6月にドイツ企業[45], 7月には韓国企業とライセンス契約を締結した[46].

## Ⅲ-2 横浜市の取り組み

横浜市は, 2010年から2013年を実施期間とする横浜市中期4カ年計画のなかで, 海外ビジネス展開戦略として, 市内企業の海外ビジネス展開支援, 都市インフラ技術の海外展開により, 市内経済の活性化につなげるとした.

2011年1月には, 横浜の資源・技術を活用した公民連携による国際技術協力をY-PORT事業 (Yokohama Partnership of Resources and Technologies) と呼称し, 新興国等の都市課題解決の支援 (社会的責務) と市内経済の活性化 (経済成長戦略) に本格的に取り組むと発表した.

新興国等の水環境や資源リサイクルなど都市課題の解決に対し, 市がこれまで培ってきた都市づくりに関するノウハウと, 市内企業のもつ先端技術, さらに大学・NPO との公民連携による国際技術協力を実施することで市内企業の海外展開が図られ, 視察などで世界から多くの人が横浜に集まることにより, 横浜市の国際的な地位の向上, ビジネスチャンスが拡大し市内経済の活性化につながることをめざしている.

2010年, 横浜市水道局は100%出資による横浜ウォーター株式会社を設立し, 中央アジアや東南アジアからの研修生の受け入れを行い, ベトナムやフィリピン等の水道事業に関するコンサルティング業務を実施している.

Ⅲ 事例研究 大都市地方自治体による上下水道事業海外展開　69

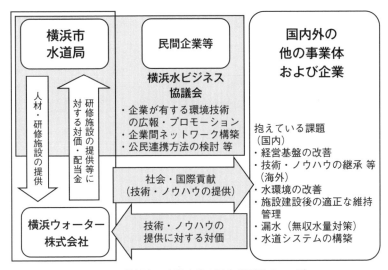

**図 4-2　横浜市の水道事業の国内外展開イメージ**
出所）筆者作成.

　2011年1月には経済産業省によるサウジアラビア・ブライダ市の水道事業実証実験に横浜市が日揮株式会社と公民連合で参加することになった. ほかにもバングラデシュとベトナムのフエ市の水道事業に関する調査も実施している.

　同年11月には同市がもつ上下水道に関する技術や運営ノウハウを市内企業等の海外水ビジネス展開支援に活用するとして, 横浜市長を会長とする133の企業・団体による横浜水ビジネス協議会を設立した[47]. そこでは, 会員名と事業内容, 連絡先を記載した会員紹介冊子を日英両言語で作成し, ホームページで情報発信するほか, 公民連携してシンガポールの国際水週間の国際見本市に出展, インドのバンガロール, インドネシアのジャカルタにミッションを派遣するなどのプロモーションを行っている.

　また, 2012年3月にはフィリピン・セブ市と「持続可能な都市の発展に向けた技術協力に関する覚書」を締結したのち, 横浜市と企業による現地の合同調査やビジネスマッチングを実施するほか, スリランカ, サウジア

70 第4章 国際的な政府間関係構築による地域産業政策

ラビア,ブラジル,イラクの水道事業関係者とのビジネスマッチングを行っ
ている.

さらに,2012年7月にはシンガポール公益事業庁と横浜市および会員企
業の3者で共同研究の覚書を締結し,2013年には,中小企業会員を対象に
今後のODAを活用した海外展開に関するワークショップを開催し,その
海外進出を支援する情報提供を行っている[48].

## Ⅲ-3 大阪市の取り組み

大阪市は,2011年3月に発表された大阪市経済成長戦略において,成長
の視点として「アジアの一員としてアジアとともに成長する」を掲げ,成
長著しいアジアの旺盛な需要にアクセスし,その力強いエネルギーを取り
込むことにより,大阪・関西の経済成長を実現するとともに,大阪・関西
が有する最先端の技術やサービスでアジアの成長に貢献することにより,
アジア全体の経済好循環を創出すると示した.

そして,地域の技術力・総合力を活かした海外展開として,第一に,市
の上・下水道や環境技術をパッケージとして捉え,優れた個別要素技術を
もつ大阪・関西企業との連携強化を進め,海外の水・環境問題の解決への
貢献と,大阪・関西経済界のビジネス機会の拡大を支援する.第二に,ス
マートコミュニティや資源・エネルギー循環型まちづくりなどの技術を活
用し,トータルソリューションビジネスとして海外展開する企業群を支援
するとしている[49].

さらに,大阪市は,上記目的を達成するため,2011年4月に公益社団法
人関西経済連合会と大阪商工会議所とともに大阪市水・環境ソリューショ
ン機構を設立した(**図4-3**).機構の活動はプロモーション活動と案件形成・
事業化支援活動の二つがある.

第一にプロモーション活動は,大阪市が過去に水・環境問題を克服して
きた経験やノウハウとともに,大阪・関西企業の高い技術力を海外に向け
て情報発信する.シンガポール水エキスポなど国際見本市への共同出展や

Ⅲ　事例研究　大都市地方自治体による上下水道事業海外展開　71

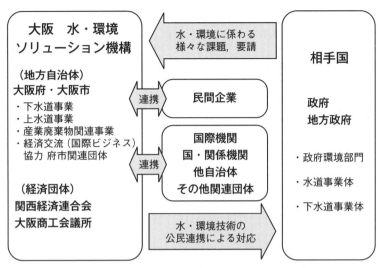

図 4-3　大阪市の水・環境事業の海外展開イメージ
出所）筆者作成.

国内外でのセミナー開催等を通じて，海外での受注につながるようなビジネスマッチングの機会を提供するほか，海外からの研修や視察の受け入れを実施する．

　第二に案件形成・事業化支援活動は，大阪市と海外の地方政府との都市間外交や技術交流などを通じて現地の水・環境に関する課題を見いだし，その解決に向けて当事者間で合意する新たな事業企画（案件）の形成に努める．機構は検討チームの提案の事業化に向けて，相手国政府や日本の政府系機関（国土交通省，経済産業省，JICA 等）に対して事業実施の要請を行うなど支援する[50]．

　2011 年 7 月に大阪市は，ベトナム・ホーチミン市との間で水・環境分野を含む「主要分野における相互協力覚書」を締結し，大阪市は関西企業等と公民連携してホーチミン市において洪水対策や浸水対策に関する調査とモデルプロジェクトの検討等を行っている[51]．

## Ⅲ-4　北九州市の取り組み

　北九州市は，2011年から2015年を計画年度とする北九州市水道事業中期（後期）経営計画において，「安価な料金を維持する水道」「環境モデル都市を推進する水道」「世界・地域に貢献する水道」という施策目標のもと，海外水ビジネスの展開やカンボジアの水道事業における人材育成・$CO_2$削減などの事業を行うとしている[52]．

　そして，北九州市は，上下水道の海外展開に向けた公民連携の枠組みとして，北九州市海外水ビジネス推進協議会を2010年9月に組織化し，民間企業のシーズおよびニーズの把握，海外の現地ニーズの調査，公民連携による海外展開や案件形成を実施している（図4-4）[53]．

　2009年4月北九州市とベトナムのハイフォン市は，両市の発展に向けた交流，都市開発および環境保全の調和をめざす技術協力を推進するため，「日本国北九州市とベトナム社会主義共和国ハイフォン市との友好・協力関係に関する協定書」を締結した．そして，ハイフォン市水道公社の要請

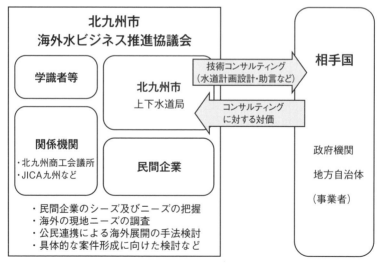

図4-4　北九州市の水ビジネスの海外展開イメージ
出所）筆者作成．

に基づき北九州市上下水道局は，2010年から2012年までの3年間にハイフォン市が直面する水道原水問題の解決に向けての技術的な支援を行った.

　その結果，ハイフォン市は，北九州市の技術が有効で導入可能な高度浄水処理方法であるとして候補に挙げ，独自資金による高度浄水処理施設の整備工事を北九州市海外水ビジネス推進協議会会員企業のベトナム現地法人に発注することを決定し，2013年5月30日に同社と工事請負契約を締結している[54].

　さらには，2012年4月1日付で北九州市は，水道局と建設局の下水道部門を統合した上下水道局を新設し，水に関する行政課題に総合的に対応して海外水ビジネスの戦略的な推進に努めるとしている[55].

　北九州市による海外展開先は，カンボジア，ベトナムを中心に多岐にわたっている．2011年，北九州市は，カンボジア・シェムリアップ市の浄水場建設事業計画における計画指導助言業務を1400万円で受注したのに続き，同国東部のモンドルキリ州で政府が計画している水道整備事業の計画設計および施工管理業務を2700万円で受注した．これは基本計画と詳細設計，施工管理を日本の自治体が一括受注した初めての事例である[56].

　その他，北九州市は，中国の大連市と2001年より漏水防止，水質管理，浄水処理などの技術協力を行い，2008年からは大連市周辺都市まで協力を拡大している．2006年より昆明市とも下水道分野の人材育成支援を実施，さらにサウジアラビアとは，2007年より下水処理施設の運転維持管理，高度処理施設の設計について協力を深めている[57].

# IV　おわりに

　前節までの国および代表的な自治体の事例調査より，地方自治体による上下水道事業の海外展開は，停滞する日本経済の活性化施策として，経済

産業省など国による問題提起に呼応する形で，技術力を有し比較的余力の
ある大都市自治体を中心に2010年前後より急速に進んだことがわかる．

2008年の厚生労働省による「水道分野の国際貢献と産業界の海外展開調
査報告書」および経済産業省による「我が国水ビジネス・水関連技術の国
際展開に向けて」が発表された翌年には，横浜市で「行政資源などの活用
による国際貢献に関する研究会」が設立され，その後，各都市において，
同様の研究会や上下水道事業の海外展開を担う組織が設立された．

これら自治体による上下水道事業の海外展開の発展プロセスは**図4-5**の
ように整理される．これまで地方自治体の国際貢献事業として，発展途上
国からの上下水道分野に関する研修生の受け入れや，数カ月から数年と
いった期間での専門家の派遣が行われていた．それが，日本（地域）企業の
海外展開を図るという点から，それぞれ経済団体と共同であったり，支援
企業を囲い込む形で公民ネットワークを形成し，そのチャンネルを通じた
情報提供や海外調査ミッションの派遣，ネットワーク内の企業と地方自治
体が連携する形で海外の事業を受託するところまで至っている．さらには，
地方自治体またはその代理としての出資会社が外国政府から直接，上下水
道事業にかかる計画策定や人材育成を業務受託する事例も現れている[58]．

各地方自治体による上下水道事業の展開は，その特徴について**図4-6**の
ように二つの視点軸から分類することができる．第一は，水ビジネスに関
して主体的に地方自治体自ら利益を上げようとしているのか，あるいは支
援機関として日本企業の海外展開を促進する働きを志向しているのかとい
う点である．そして第二は，地方自治体本体でその取り組みを行っている
のか，それとも，外郭団体や出資法人を活用することにより事業を行って
いるかという点である．

北九州市は自らカンボジアなどの海外都市よりコンサルティング業務を
受注し収益を上げている．一方，東京都は，民間企業と共同の出資会社で
ある東京水道サービス株式会社を公民連携の窓口として活用し，海外水道
事業体への出資も進めている．横浜市は，横浜市水道局が100％出資する

| 国際貢献<br>（技術支援） | 企業支援<br>（ビジネス創出） | 利益創出<br>（直接収入） |
|---|---|---|
| ・海外研修生の受け入れ<br><br>・専門家の海外都市派遣<br><br>（国際協力機構〔JICA〕を通じてや，姉妹都市を契機とするもの） | ・公民連携による海外展開組織の形成<br>・公民連携による海外へのミッション派遣<br>・海外都市の開発プロジェクト等に関する関係企業への情報提供<br>・民間の技術開発への公共施設利用提供<br>・公民連携による調査業務受託 | ・計画作成等の受託<br><br>・コンサルティング受託<br><br>・人材育成，研修受託<br><br>・特許収入 |

**図 4-5　地方自治体上下水道事業海外展開の発展プロセス**

出所）筆者作成.

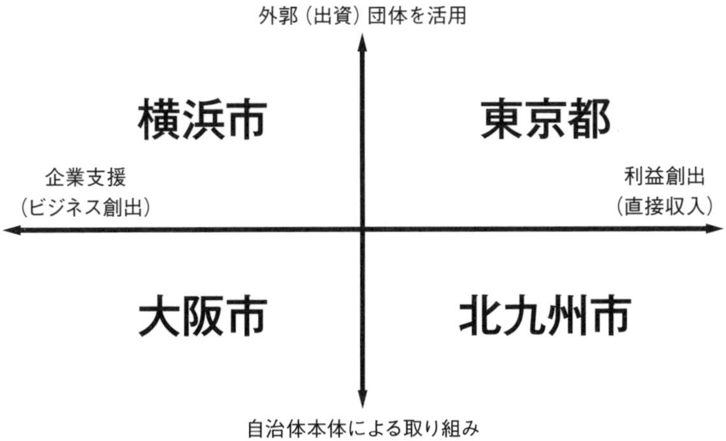

外郭（出資）団体を活用

横浜市　　　　　東京都

企業支援　　　　　　　　　　　　　　　　　　利益創出
（ビジネス創出）　　　　　　　　　　　　　　（直接収入）

大阪市　　　　　北九州市

自治体本体による取り組み

**図 4-6　各地方自治体による上下水道事業海外展開の特徴**

出所）筆者作成.

横浜ウォーター株式会社を使って海外展開を進めるとともに，横浜水ビジネス協議会で企業支援を行っている．大阪市も，市と経済団体をつなぐ公民連携組織の水環境ソリューション機構を設立して企業支援に取り組んできた．

上下水道事業の海外展開は，地方自治体が外国政府機関等とのネットワークを活用してグローバルパイプラインを構築することにより，海外での上下水道関連の需要を創出し，それぞれの地元地域における上下水道関連企業の海外展開を支援するという地域産業振興の目的がある．その前提のもと，地方自治体が地域において独占的に運営する上下水道事業の地理的範囲を海外まで拡大させている．

本章の最後にあらためて，地方自治体による上下水道事業の海外展開の目的と手段の合理性について，**表4-1**で掲げた項目を中心に考察する．

第一に，上下水道事業の海外展開による国際貢献については，海外都市への展開事例がすでに多く見られるように，現地のニーズを捉えて日本の高い技術を海外へ普及することで，都市水環境問題の解決を通じて現地生活水準の向上に寄与している．

第二に，事業の持続性確保について，海外展開は地方自治体職員が有している能力や技能の有効活用に資すると考えられるが，この海外展開が事業体の新たな収入源として今後期待できるかは未知数である．

地方自治体あるいはその出資法人の収入として想定されるのは，短期的にはコンサルティング料であり，中長期的には出資法人の利益配当になる．地方自治体が海外都市で案件形成のため実施している調査業務は，多くが日本政府の予算により実施されるものである．今後予定される建設事業も日本のODAが財源として期待されており，国際貢献という要素もあるなかで，どれほどの事業収入が安定的に得られるか予測は困難である．

第三に，技術の継承と人材育成については，地方自治体の職員がこれら海外展開を通じて新規事業や民間企業との連携の経験を積むことで能力向上が図られると考える．特に，関係施設の新規建設や改築更新の案件数に

は数年から数十年といった単位での変動があり，職員の定数管理と業務量の標準化のため，海外や所管区域外へ展開することは事業経営としても理解できる．

　第四に，地域産業振興については，公民連携の海外展開により地方自治体の地元企業の収益増加がもたらされているかどうか，現状では判断が難しい．日本の水道事業の海外展開はまだ黎明期であり，これら様々な海外展開のモデルが少なくとも5年から10年の年月を経て再度評価されるのを待つ必要がある．一方で，各自治体が設けた公民連携の協議会等に参加している中小企業などにとって，このような時間軸がビジネスとして耐え切れず，上下水道事業の海外展開に対する関心の低下や失望として現れることも想定される．

　地域産業振興を目的として海外展開を持続的に続けようとするのであれば，地域の中小企業の育成や地域経済の活性化にとってどのように具体的なビジネスチャンスの形成に結びつくのか，わかりやすく夢のあるストーリーを語ることが地方自治体に期待される大きな課題である．

**注釈**

40）海外における水ビジネスの動向については，氏岡（2004），齊藤（2003），服部（2010）を参照されたい．

41）地方公共団体の組織および運営について規定する地方自治法第1条の2では，地方公共団体は「住民の福祉の増進を図ることを基本として，地域における行政を自主的かつ総合的に実施する役割を広く担うもの」と規定されていることから，水道事業の海外（区域外）展開は地域住民の福祉の増進という目的を達成する範囲において可能なものと理解される．国の見解も「水道法においては，地方公共団体の責務として，水道事業経営の適正かつ能率的な運営に努めなければならないと規定されているが，この点に十分留意して海外展開が行われるのであれば，水道法上，特段の問題はない」としている（総務省，2010，p.2）．

42）2009年3月17日の参議院環境委員会において，西本政府参考人は「我が国企業がその優れた水処理技術を生かして拡大する水関連市場へ参入することは，これは経済産業省としても非常に重要であるというふうに認識いたしております．経済産業省といたしましては，我が国民間企業の水ビジネスの海外展開を促進すべく，関係省庁と連携をしつつ，我が国の優れた水処理技術が更に広く活用され，世界の水資源問題の解決に貢献できるものとなるよう取り組んでまいりたいと思います」と答弁している．

78  第4章　国際的な政府間関係構築による地域産業政策

43) 東京都水道局 (2010) に基づく.
44) 朝日新聞「東京都, ベトナムで水ビジネス　浄水場建設や管理担う」(2011年10月5日付) に基づく.
45) 合流式下水道の改善を図る制御装置の第1号機が2011年4月にドイツで設置されている.
46) 東京都下水道局お知らせ「下水道技術　海外とのライセンス契約　第二弾 〜韓国企業と契約〜」(2010年7月5日) に基づく.
    http://www.gesui.metro.tokyo.jp/oshi/infn0463.htm (2013年12月16日閲覧).
47) 横浜市記者発表資料「『横浜水ビジネス協議会』が設立されました」(2011年11月10日) に基づく. http://www.city.yokohama.jp/ne/news/press/201111/20111110-020-13571.html
    (2013年12月16日閲覧). なお, 横浜水ビジネス協議会会員名簿によれば, 2012年10月末現在で143社の企業・団体が参加している.
48) 横浜水ビジネス協議会 (2012)「平成24年度横浜水ビジネス協議会総会協議会活動報告 (2012年10月31日)」および横浜市「横浜水ビジネス協議会　活動内容について」に基づく. http://www.city.yokohama.lg.jp/kankyo/gesui/ywbc/activities.html (2013年12月16日閲覧).
49) 大阪市 (2011)「大阪市経済成長戦略 (案)」に基づく.
50) 大阪市水環境ソリューション機構は2012年8月より大阪水環境ソリューション機構と名称変更している.
    http://www.owesa.jp/ (2013年12月16日閲覧).
51) 大阪市報道発表資料「ベトナム・ホーチミン市で都市浸水対策に関する技術セミナーを開催しました」に基づく.
    http://www.city.osaka.lg.jp/kensetsu/page/0000158792.html (2013年12月16日　閲覧).
52) 北九州市 (2011)「北九州市水道事業中期 (後期) 経営計画 (事業計画と財政計画)〔平成23年度〜平成27年度〕」に基づく.
53) 同協議会への参加企業は設立当初の57社から2012年8月には122社まで増加している. 北九州市「第3回 北九州市海外水ビジネス推進協議会総会の開催について」.
    http://www.city.kitakyushu.lg.jp/suidou/26201008.html (2013年12月16日閲覧).
54) 北九州市報道発表資料「北九州市の高度浄水処理 (U-BCF) をベトナム・ハイフォン市に整備」(2013年5月16日) に基づく.
55) 北九州市は, 国や自治体, 民間企業等に分散している水処理に関する技術やノウハウを公民連携により結集・蓄積するための施設である「ウォータープラザ」が, 独立行政法人新エネルギー・産業技術総合開発機構によって建設されることを支援している. これは (1) 各種水資源を有効に組み合わせた省エネで環境に優しいソリューションの提供, (2) 実績ある日本の膜を中心とした水循環技術のプラントショーケース, (3) 各種水資源の有効活用に必要な先進技術を開発する場 (テストベッド) の提供を行う日本で初めての施設となっている.
56) 北九州市はカンボジアに対し1999年から首都プノンペン市を中心に浄水処理技術などの技術協力を実施していたが, 2007年からは地方8都市に対象を拡大した. また,

日本の厚生労働省が同国と締結した「水の安全供給を促進するための協力に関する覚書」の実施機関として参画し，主要9都市の水道基本計画作りのコンサルティング受注に合意した．この水道整備事業費は200億〜300億円と想定されるが，同国の財政は厳しいため，アジア開発銀行などからの財源調達に向けて北九州市が支援する．

57）北九州市の取り組みについて，北九州市水道局プレスリリースを参考にした．http://water-kitakyushu.icek.jp/suidou/menu02/c2_14.html（2013年12月16日閲覧）．

58）各自治体による上下水道事業の海外展開先の選定について，国際貢献を目的とする技術支援がその発端となっている事例として，北九州市におけるカンボジアや中国がある．また，大阪市がビジネスパートナー都市提携をしているベトナムのホーチミンと関わりを深めているような事例もあるが，多くは民間企業からなどビジネスベースにより案件形成されている．

| 第5章

# 一時的な産業集積を活用した
# ゲートキーパーの役割
## ―地方自治体の国際見本市出展研究―

## I　地域産業政策としての国際見本市出展

　本章では，第2章で示した地方自治体による国際的なクラスター連携構造の第二であるゲートキーパーの役割について，地方自治体の国際見本市出展を事例として確認していく．

　すでに述べてきたように，グローバル化の進展とともに地域社会は世界経済の大きな動きにさらされている．移動手段と情報通信技術の発展，関税および非関税障壁の縮小により，国際貿易は活発化し，これまで国境の壁によってある程度保護されてきた地域産業がグローバルな競争に直面している．それぞれの地域社会にとって，急速な経済変動がもたらす産業の空洞化やそれに伴う雇用の喪失などを受け入れることは難しい．少なくとも激変を緩和し，新たな均衡へ軟着陸するために何らかの公共政策を採用することが求められる．

　地域経済の活性化をめざす地方自治体の産業施策として国際見本市出展がある．国際見本市あるいは国際展示会とは，世界的な基準であるISO25639によれば，「商品・サービス・情報などを展示，宣伝するためのイベント（ただし，フリーマーケットや路上販売は含まない）」であり，数日程度の短期間，テーマに関連する企業や研究機関などが特定の場所に集まり，商談等を行うものである（日本交通公社，2011，p. 1）.

実際のところ，中小企業白書によれば，地方自治体の中小企業に対する国際化支援施策で見たとき，展示会・商談会への出展支援が，地方自治体のサービスとして最も利用されている（中小企業庁，2010，pp. 152-190）．中小企業が海外の取引先を見つけて海外展開することは，それまでの日本国内の企業間取引ネットワークから，新たにグローバルな市場へ参入することであり，グローバルに展開する多国籍企業との取引を開始し，世界的なサプライチェーンネットワークのなかに組み込まれることである．そのような地域の企業が多くなれば，その地域は国際的な分業構造のなかでより存在感を高めることになる．

　本章では，地域経済の活性化のために地方自治体が地域外で開催される国際見本市へ出展することについて，どのような目的のもと，どのような形態で運営されるのか．どのような出展行動を採用するのかを検討する．地方自治体において地域というまとまりのもと，国際見本市に出展する論理とその実態について明らかにすることは，経済社会のグローバル化が進むなか，今後の地域経済の持続的発展のあり方を考えるうえで意義がある．

　本章では，最初に地域の発展にとって国際見本市をどのように位置づけるか，関係する理論を整理したのち，事例研究により日本の地方自治体による国際見本市出展について現状を明らかにする．そして最後に，事例研究による検証を通じた政策的インプリケーションについて論じる．

# II　国際見本市出展の理論的検討

　国際見本市とは，ある一定の短期間，特定の場所に，ある産業分野の企業や研究機関などが一堂に会する特殊な空間である．本節では，国際見本市が地域経済の持続的発展にとってどのような意味をもつのか，これまで

の研究を整理する.

今日の経済社会における特徴は知識化である. 企業が生み出す付加価値のなかで, アイディアや技術開発によって生み出される部分が増加している. そこで, 地域が持続的な成長を維持するためには, 地域でイノベーションを起こし, 新たな商品やサービスを生み出していく必要があり, イノベーションを創出するためには, 地域において多様で異質な知識を蓄積し交換する必要がある.

異質な知識の交換によるイノベーション創出のためには, 地域内の企業や研究機関が生み出す知識だけでは不十分であり, 地域外から知識を導入する機会を設けるとともに, 地域外と地域内のアクターとが交流する機会を設ける必要がある. それは企業内あるいは企業間のネットワークであり, 大学や研究機関とのつながりである.

第2章でも述べたとおり, Trippl et al (2009) は, 新たな知識とイノベーションの創造は, 地域・国内・グローバルな知識の流れの相互交流の結果であるとし, これら地域と地域を結ぶ機能であるパイプラインについて, クラスターのイノベーションは地域の口コミとグローバルパイプラインを通じた知識のなかで最も発見されると指摘した (Trippl et al, 2009, pp. 458-459).

また, Bathelt et al (2004) は, クラスター間の交流から新しい知識を生み出すには, 地域間・国家間の戦略的なパートナーシップが必要であると指摘した. そして, このようなつながり (パイプライン) を生み出すためには時間と費用が必要であり, アクター間の繰り返しの取引を通じて, 取引に伴うリスクは低減し, 双方のコミットメントがいっそう高まる性質を有する. クラスター内の企業がクラスター外とのパイプラインの構築に取り組めば取り組むほど, 市場と技術に関するより多くの情報がクラスターの内部ネットワークに注ぎ込まれ, 地域企業の利益となると論じた (Bathelt et al, 2004, pp. 40-41).

Rychen and Zimmermann (2008) は, 経済と技術のグローバル化と知

識経済の拡大という二つの要素が地域経済に大きな影響を与えているとし，地域とグローバル経済との間を取り持つインターフェイスが地域の産業発展にとって戦略的に重要になっていると指摘した．そして，多様なネットワークの構築はコストが高くつくことから，短期間の地域化された交流や，グローバルに連結している代理人との地域に根ざした交流の構築が求められるとした．

Rychen and Zimmermann (2008) によるクラスターを超えたネットワークの理念型は**図5-1**のように示される．第一のモデルは複数個所配置（図左）であり，企業が恒久的な拠点を距離的に離れたそれぞれの場所に構築し，情報や機会を収集するものである．次にゲートキーパー配置（図中央）は，インターフェイスの役割を有する特別な代理人（＝ゲートキーパー）が，情報と機会の収集と分配をその様々な関係先を通じて行うものである．最後に一時的近接性配置（図右）では，特別な第三の場所や相互交流する代理人のいずれかの場所において一時的な交流を行うものである．

ゲートキーパー配置は，企業内外のグローバルなネットワークに深く埋め込まれたゲートキーパーが，域内外の資源の相互連結に貢献し，地域の

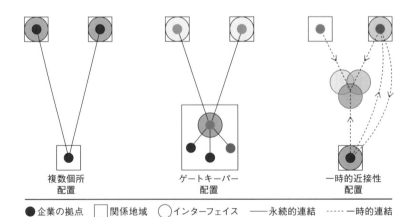

**図5-1　クラスターを超えたネットワークの理念形モデル**
出所）Rychen and Zimmermann (2008), p.770, Figure 1.

企業等が外部の関係性から利益を得ることを支援するとともに，外部の企業等が地域の資源にアクセスする機会を設ける．ゲートキーパーは，域内の調整においてもそれぞれの地域のアクターを連結する中心的な役割を果たし，地域の地理的近接性から生じる利益を生み出すとともに，それぞれのアクターが相互に関係を維持するための取引コストを削減し，地域の技能と補完能力を流動化させ活動的にすることで，地域における企業ネットワークを活発にする機能を有する．一時的近接性配置は，固定した拠点設置による硬直性を回避し，一時的な面会場所で知識の交換を行うものであり，具体的には国際的な見本市や国際会議など，あらゆる種類の「国際的な専門家の集合」である．そして，これらの機会に継続して参加することで，潜在的なパートナーとの信頼関係を構築することができると論じている（Rychen and Zimmermann, 2008, pp. 767-772）．

　Bathelt and Schuldt (2008) は，国際見本市を一時的クラスターと見なして，アクターによる双方向の学習と知識創造の過程を支援する重要なイベントであると指摘した．国際見本市に参加した企業は，その業界に関する多様なアイディアに接し，競争相手の展示を通じて見えてくる流行を観察また精査し，第三者から自社の競争相手や顧客の情報を入手する．公式・非公式の会合やエクスカーションを通じてより親密な情報交換と信頼の構築ができる．自社の活動や能力を他者と比較することにより，今後の戦略や商品について検討することができる．また，既存の取引相手と見本市会場で接触することで連携を深め，ニーズを満たす適切な取引相手を見つけ，距離的に離れた取引相手と信頼を築くことができる（Bathelt and Schuldt, 2008, pp. 856-864）[59]．

　以上のように，イノベーションと国際見本市に関するこれまでの研究では，見本市が一時的なクラスターとなり，地理的近接性を活用した主体間の取引や観察による知識の移転，イノベーションの創造の場であるという点について論じられている．地方自治体が主体となって国際見本市に出展することで，地域が国際的な分業ネットワークに参加するとともに，地域

外から多様な知識を導入して地域においてイノベーションを創出すること
が期待される[60].

　ただし，これまでの先行研究は，国際見本市に参加する企業を対象とし
て，見本市の場を活用した知識の取得や移転に対する分析にとどまってお
り，国際見本市に参加する主体としての地方自治体や，地方自治体による
地域産業政策という観点からの研究は行われていない．

　グローバルな競争環境において地域が経済発展を行うにはどうすればよ
いかという課題について主体的に対応する必要があるのは，地域に根ざし
ていて他の場所に移動することのできない地方自治体である．それゆえ，
地域経済においてゲートキーパーの役割を果たす企業などが存在しない場
合に，地方自治体がその役割を公共政策として代替する必要があり，その
具体的な施策の一つが国際見本市出展である．

　次節以降では，以上のような問題意識のもと，地方自治体による国際見
本市出展の具体的な事例分析を通じて，地方自治体が果たすゲートキー
パーの役割およびその実践のあり方について検討を深める．

# III　国際見本市出展の事例分析

## III-1　国際見本市出展の分析視角

　本節以降では，地域経済の振興を目的として地方自治体が国際見本市出
展を通じてゲートキーパーの役割を果たすことを事例研究により考察す
る．まず第一に，特定の見本市を事例に取り上げて，見本市への出展目的
や出展形態など地方自治体の出展状況を明らかにする．第二に，地方自治
体による見本市出展の経年的変化を捉えることにより，その出展行動を考
察する．第三に，個別地方自治体へのヒアリングを通じて，見本市出展に
かかる意思決定の定性的な検証を行う．

## Ⅲ-2 事例研究「スマートエネルギー Week」

本節では，日本でも有数の規模で開催される国際見本市「スマートエネルギー Week2013」を事例として，地方自治体による国際見本市出展の実態を分析する．この見本市は，2013年2月27日〜3月1日までの3日間にわたり東京ビッグサイトで開催された八つの見本市の総称であり，太陽電池展，太陽光発電システム施工展，風力発電展，水素・燃料電池展，二次電池展，［量産］［試作］加工技術展，エコハウス＆エコビルディング EXPO，スマートグリッド EXPOからなる．その出展団体は2006年の404団体から年々増加しており，2012年には1453団体，2013年には1585団体（うち海外443団体）となっている．2013年の開催における会期3日間の来場者合計は7万6328人（うち海外4005人）である[61]．

「スマートエネルギー Week2013」国際見本市を取り上げた理由は，日本で開催される見本市のなかでも最大規模の出展者と来場者を有するものであること，また，同見本市がテーマとしている新エネルギーや環境技術が新しく今後成長が見込まれる分野であり，地方自治体には，それらの産業を地域に呼び込むとともに地元企業の取引を拡大する動機があると考えるためである．

「スマートエネルギー Week2013」の出展者一覧より，地方自治体による出展をそれぞれの属性ごとに「広域自治体」，府県が出資した公益財団であり広域自治体が設立した協議会等である「広域自治体関連団体」，「政令市」，「その他市町村」の四つに分類して整理したものが**表5-1**である．

この国際見本市に出展している地方自治体および地方自治体の設置した協議会や外郭団体は48団体であった．なお，石川町，花巻市を除く20市町が神奈川県企業誘致促進協議会として共同出展していることから，実質的にこの見本市に出展している地方自治体は，広域自治体および広域自治体の関連団体がほとんどを占めていた．

**表5-1**より，広域自治体およびその関連団体を合わせて21の団体が当見本市に出展しており，同一県の重複を除けば，岩手，秋田，新潟，埼玉，

88    第5章　一時的な産業集積を活用したゲートキーパーの役割

表5-1　スマートエネルギー Week2013 における出展地方自治体

| 広域自治体 (9) | 神奈川県，新潟県，山梨県，滋賀県，大阪府，香川県，熊本県，宮崎県，沖縄県 |
|---|---|
| 広域自治体関連団体 (12) | 岩手県工業技術センター，秋田県表面処理技術研究会，茨城県圏央道沿線・千葉県東葛・千葉県千葉市地域新産業創出推進ネットワーク，群馬県産業支援機構，埼玉県産業振興公社，神奈川県企業誘致促進協議会，神奈川産業振興センター，長野県中小企業振興センター，岐阜県企業誘致推進協議会，ひょうご・神戸投資サポートセンター，福岡水素エネルギー戦略会議，長崎県産業振興財団 |
| 政令市 (5) | 横浜市，川崎市，相模原市，神戸市，北九州市 |
| その他市町 (22) | 厚木市，綾瀬市，伊勢原市，石川町，海老名市，大井町，小田原市，開成町，鎌倉市，座間市，寒川町，茅ヶ崎市，中井町，秦野市，花巻市，平塚市，藤沢市，三浦市，南足柄市，山北町，大和市，横須賀市 |

出所) スマートエネルギー Week2013 e－ガイドブック出展社一覧より筆者作成.

茨城，群馬，神奈川，山梨，長野，岐阜，滋賀，大阪，兵庫，香川，福岡，長崎，宮崎，熊本，沖縄の47都道府県のうち19府県が出展している．ここから見本市出展が都道府県レベルの広域地方自治体による一般的な施策として定着していることがわかる．そして，国際見本市への出展形態としては，地方自治体自らが直営として行うものと同様に，地方自治体が設けた産業振興や中小企業振興を目的とする出資団体や協議会などの機関によって担われていることがわかる．

　**表5-2**では，出展者を (1) 地方自治体単独で出展するもの，(2) 地方自治体が設ける外郭団体や各種出資法人，地方自治体が参加する協議会形式により出展するものの二つに分類し，見本市におけるそれぞれの出展者が提出した出展概要の内容を確認した．そして，出展概要の記載内容に応じてその出展者による出展目的を，地域に企業を誘致するための工業団地や各種立地に関する優遇制度等の投資環境の紹介が中心であれば「企業誘致」に，地域企業の製品や技術・産学連携のプロジェクトに関する紹介が中心

Ⅲ　国際見本市出展の事例分析　　89

表5-2　スマートエネルギーWeek2013における出展団体および出展内容

| 分類 | 出展団体 | 出展目的 | 企業との共同出展 | 出展内容 |
|---|---|---|---|---|
| 地方自治体単独の出展 | 新潟県 | 企業誘致 | なし | 新潟県の交通インフラ，産業集積，県営工業団地の紹介．担当：新潟県企業局企業誘致推進課 |
| | 神奈川県 | | | 記載なし |
| | 山梨県 | 販路開拓 | あり | 産学官連携による燃料電池技術の研究開発と題して山梨県の取組みを紹介．山梨大学および企業6社と共同出展． |
| | 滋賀県 | 販路開拓 | なし | 優れた製品・技術，先進的な取り組みとして，滋賀県内2社のリチウムイオン電池材料や太陽電池材料について紹介．担当：滋賀県商工観光労働部新産業振興課 |
| | 大阪府 | | | 記載なし |
| | 香川県 | 企業誘致 | なし | 県内の大型コンビナート工業団地である「番の臨海工業団地」や内陸型工業団地である「高松東ファクトリーパーク」の紹介．担当：香川県商工労働部企業立地推進課 |
| | 宮崎県 | 企業誘致 | なし | 宮崎県の企業立地環境に関する紹介．　担当：宮崎県企業立地課 |
| | 熊本県 | 企業誘致 | なし | 熊本県のグリーン関連産業や投資環境情報の紹介，県内のメガソーラー候補地，産学官による次世代技術の開発，利用技術の実証実験等など．担当：熊本県企業立地課 |
| | 沖縄県 | | | 記載なし |
| | 相模原市 | 企業誘致 | なし | 記載なし，ただし，神奈川県企業誘致促進協議会として共同出展していることから「企業誘致」扱い |
| | 川崎市 | 企業誘致 | なし | 記載なし，ただし，神奈川県企業誘致促進協議会として共同出展していることから「企業誘致」扱い |
| | 横浜市 | 企業誘致 | なし | 記載なし，ただし，神奈川県企業誘致促進協議会として共同出展していることから「企業誘致」扱い |
| | 神戸市 | 企業誘致 | なし | 記載なし，ただし，ひょうご・神戸投資サポートセンターと共同出展していることから「企業誘致」扱い |
| | 北九州市 | 販路開拓 | あり | 「ものづくりの街北九州市」の優れた企業を紹介として6社と共同出展．担当：北九州市中小企業振興課 |
| 地方自治体関係財団や協議会による出展 | 秋田県表面処理技術研究会 | 販路開拓 | あり | 秋田県内のめっきを主体とした表面処理関連企業の発展を目的として3社と共同出展．　担当：秋田産業技術センター |
| | 岩手県工業技術センター | 販路開拓 | あり | 岩手県の復興と産業振興を目指して技術課題解決の相談から商品開発まで広範囲にわたる支援を行うとして，4社・団体と共同出展．担当：電子情報技術部 |
| | 埼玉県産業振興公社 | 販路開拓 | あり | 埼玉県内の新エネルギー業界向け量産・試作に関する優秀な企業の紹介として3社と共同出展．　担当：経営支援部取引振興グループ |
| | 茨城県圏央道沿線・千葉県東鞄・千葉県千葉市地域新産業創出推進ネットワーク | 販路開拓 | あり | 地域企業の新事業・新産業の創出支援として，スマートグリッドやスマートシティに関する製品・技術に関連する企業を紹介．4社と共同出展．　担当：株式会社つくば研究支援センター（つくば東鞄千葉ネットワーク事務局） |
| | 群馬県産業支援機構 | 販路開拓 | あり | 技術力のある群馬県内企業を紹介として，2社と共同出展． |
| | 神奈川県企業誘致促進協議会 | 企業誘致 | あり | 神奈川県の企業誘致施策や県内の市町等が推進する企業誘致の取組紹介として，県内の愛川町ほか24市町3社と出展．担当：神奈川県商工労働局産業部産業立地県 |
| | 神奈川産業振興センター | 販路開拓 | あり | 神奈川県のものづくり企業が有する新技術や新工法，特色ある加工技術・製品の紹介として7社・団体と共同出展． |
| | 長野県中小企業振興センター | 販路開拓 | あり | 長野県の次世代産業に向けた特色ある試作・量産加工技術の紹介として18社と共同出展． |
| | 岐阜県企業誘致推進協議会 | 企業誘致 | なし | 岐阜県内の工場・事業用地，優遇制度を紹介． |
| | ひょうご・神戸投資サポートセンター | 企業誘致 | なし | 兵庫県内の産業団地のほか，工場適地や遊休地，賃貸オフィス等の情報，行政手続きや雇用，住宅，生活面など現地情報等を提供．神戸市と共同出展． |
| | 長崎県産業振興財団 | 販路開拓 | あり | 長崎県の「地域経済の活性化」と「雇用の拡大」のため産学官で構成されるネットワークを設立し，加入企業に対し取引拡大などのサポートを行うとして7社と共同出展． |
| | 福岡水素エネルギー戦略会議 | 販路開拓 | あり | 中小・ベンチャー企業が開発した製品の展示として9社・団体と共同出展．　担当：福岡県商工部新産業・技術振興課 |

出所）スマートエネルギーWeek2013出展者リストより筆者作成．

であれば「販路開拓」に分類した.

「企業誘致」に分類した出展者詳細から具体的な事例を挙げると,香川県は連絡先が商工労働部企業立地推進課になっており,県内の大型コンビナート工業団地である「番の州臨海工業団地」や内陸型工業団地である「高松東ファクトリーパーク」,そして助成金などの企業立地に関する優遇制度を紹介している.

次に,「販路開拓」に分類した出展者詳細から,山梨県の場合は「産学官連携による燃料電池技術の研究開発」と題して県の取り組みを紹介しており,山梨大学や山陽精工ほか5社の企業と共同出展している.また,長野県は,長野県中小企業振興センターにより,長野県の次世代産業に向けた特色ある試作・量産加工技術を紹介するとして18社と共同出展しており,事務局は販路開拓支援部となっている.

次に,**表5-2**によれば26の出展団体のうち,概要記載のない3団体を除く23団体について,「企業誘致」が11団体,「販路開拓」が12団体とほぼ均衡していた.また,地域の企業と共同出展していた事例は23団体中12団体であり,そのうち11団体は「販路開拓」を目的とする出展であった[62].

なお,出展形態別に詳細をみると,(1)の地方自治体単独による出展は14団体であるが,概要記載のない3団体を除き11団体において,その展示内容の主旨は「企業誘致」が8件であり「販路開拓」が3件であった.一方で,(2)の外郭団体等による出展では全体で12団体において9件が「販路開拓」であり,3件が「企業誘致」であった.

以上を整理すると,スマートエネルギーWeek2013への地方自治体の出展は,「販路開拓」が目的の出展において,ほとんどの場合で地元企業等との共同出展が行われている.地方自治体は,出展の際に「企業誘致」を目的とする場合は単独で,「販路開拓」が目的の場合は外郭団体や協議会を通じた出展を行っていることがわかる[63].

Ⅲ　国際見本市出展の事例分析　91

### Ⅲ-3　事例研究「CEATEC JAPAN」

　本節では，地方自治体の国際見本市出展について，その経年的な変化を捉えるためにCEATEC JAPAN（シーテックジャパン）を事例とする．この見本市を取り上げた理由は，CEATEC JAPANがIT・エレクトロニクスという裾野の広い産業分野を取り扱っており，規模が大きく，海外からの出展割合も20％以上と多いこと，2012年までに13回開催されている歴史のある展示会であることによる．

　2012年は10月に千葉県の幕張メッセにて開催され，624団体が出展した．このうち海外は161団体であり，アジア地域は多いものから台湾45，中国32，韓国23団体の合計9カ国・地域115団体であり，北米は2カ国21団体，ヨーロッパの7カ国・地域24団体となっている．会期中の来場者数は16万2219人と日本でも最大規模の国際見本市である[64]．

　**表5-3**は，CEATEC JAPANホームページの実績記録の項目から入手できる2008年以降の毎年の出展者一覧より，地方自治体あるいは特定の地域を中心とする団体によって出展が行われている事例を抽出し，特定の団体が継続して出展しているかどうかを団体ごと50音順にまとめたものである．

　なお，見本市本体の事業規模の推移も，見学者数と出展者数を記載することで，出展者の全体的な推移やそれと比較した地方自治体による出展の推移を把握できるようにしている．

　まず，CEATEC JAPAN開催実績の全体的な傾向として見学者数をみると2008年の19万6630人を最高として，以降15万人から18万人で推移している．次に出展者数では2008年の804団体を最高として，以降は約600団体前後で推移している．

　次に，地方自治体関係出展数をみると，2008年から2012までの5年間で59団体が出展している．毎年の団体出展数の変化を見ると，2008年の30団体から2009年には32団体と5年間で最大になるものの，2010年以降は減少し2012年には18団体になっている．2012年に出展している18団体

表 5-3　CEATEC JAPAN における地方自治体関係出展数の変遷

| 開催年度 | 2008 | 2009 | 2010 | 2011 | 2012 |
|---|---|---|---|---|---|
| 見学者数 | 196,630 | 150,302 | 181,417 | 172,137 | 162,219 |
| 出展団体数 | 804 | 590 | 616 | 586 | 624 |
| 内 地方自治体関係 | 30 | 32 | 27 | 19 | 18 |
| (内 新規出展) | | 16 | 9 | 2 | 2 |
| 出展団体名 | | 青森県 | | | |
| | | | 青森市 | | |
| | | | 青森中核工業団地企業立地推進協議会 | | |
| | | 旭川市 | | | |
| | | | 旭川地域産業活性化協議会 | | |
| | 尼崎市 | | | | |
| | | | 石狩市・石狩湾新港地域 | | |
| | | | 茨城県圏央道沿線地域産業・交流活性化協議会 | | |
| | | | | 茨城県圏央道沿線・千葉県東椛、千葉県千葉市地域新産業創出推進ネットワーク | |
| | 岩手県工業技術センター | | | | |
| | | | | 岩手県盛岡広域地域産業活性化協議会 | |
| | | 大津・草津地域産業活性化協議会 | | | |
| | 沖縄県 | | | | |
| | | | | 大玉村 | |
| | | 柏崎市 | | | |
| | | | 宜野座村 | | |
| | | 京都市 | | | |
| | 群馬県 | | | | |
| | 神戸市 | | | | |
| | 神戸市産業振興財団 | | | | |
| | | 札幌市役所 | | | |
| | | | 札幌広域圏組合 | | |
| | | 滋賀県 | | | |
| | 滋賀県産業立地推進協議会 | | | | 滋賀県産業立地推進協議会 |
| | | 島根県産業技術センター | | | |
| | | 胎内市 | | | |
| | | | 千葉県 | | |
| | | | 千葉市 | | |
| | | 千歳市 | 千歳市・千歳科学技術大学 | | |
| | | 津市 | | | |
| | | 鳥取県 | | | |
| | 鳥取県産業技術センター | | | | |
| | | | | 鳥取県産業振興機構 | |
| | 富山市 | | | | |
| | | | 長崎県 | | |
| | 長崎県企業振興・立地推進本部 | | | | |
| | | 長野県 | | | |
| | | | | 長野市 | |
| | | | 名護市 | | |
| | | 七飯町 | | | |
| | | 奈良県 | | | |
| | 新潟県 | | | | |
| | | | | 二本松市 | |
| | | | 函館市 | | |
| | | 函館地域産業活性化協議会 | | | |
| | | | | 浜松地域テクノポリス推進機構 | |
| | | | | 東広島市 | |
| | | | 姫路市 | | |
| | ひょうご・神戸投資サポートセンター | | ひょうご・神戸投資サポートセンター | | ひょうご・神戸投資サポートセンター |
| | ひろしま産業振興機構 | | | | |
| | 福岡県工業技術センター | | | | |
| | | | | | 福岡システムLSIカレッジ |
| | | 北斗市 | | | |
| | | 北陸地域企業誘致連絡会（北陸経済連合会） | | | |
| | | | | | 北海道 北広島市上地開発公社 |
| | 宮崎県 | | | | |
| | | 盛岡広域地域産業活性化協議会 | | | |
| | | | | 本宮市 | |
| | | 横須賀市 | | | |

出所) CEATEC JAPAN ホームページの各年度の出展者リストより筆者作成.

のうち新規に出展した団体は2団体のみで，その他16団体（89％）は3回目以上の出展となっている．このうち過去5年間継続して出展している団体は3団体（5.08％），4年間は5団体（8.47％），3年間は16団体（27.1％），2年間は8団体（13.6％），1年間すなわち1回参加したのみで取りやめたのは27団体（45.8％）となっている．新規の出展は2009年で16団体，2010年で9団体，2011年で2団体，2012年で2団体と年々少なくなっている．

　以上より，CEATEC JAPANにおいて出展団体はおおむね半数が1回限りで出展を取りやめ，半数が2回以上参加している．この理由として，地方自治体の多くはまず1回試験的に参加し，その効果を見極めたうえで翌年参加するかを判断している．そして，複数回出展したのちに出展の有効性について判断する場合や，何度も参加することで見本市出展での企業誘致や販路開拓に担当者が習熟し，より効果的に事業を実施できるようになる場合もあることが考えられる．

### Ⅲ-4　事例研究「関西機械要素技術展」

　本節では，地方自治体による国際見本市出展の定性的な分析として，見本市に出展している地方自治体を対象に行ったインタビュー調査を確認する．事例とする見本市は，2013年10月に大阪府のインテックス大阪において開催された関西機械要素技術展（M-Tech関西）であり，軸受，ベアリング，ねじ，ばねなどの機械要素や，金属，樹脂に関する加工技術を一堂に集めた西日本最大の専門技術展となっている[65]．この見本市に出展した地方自治体および関連団体に対して，出展目的や内容，出展企業の募集方法をインタビューした概要は表5-4のとおりまとめられる．

　第一に，A県は公募した企業と共同出展しており，共同出展企業には1社あたり24万円の補助を行っている．役割分担として，企業誘致の説明はA県の担当者が自ら行い，販路開拓についてはA県の財団職員が中心に行っている．その他，インドネシアや中国で開催される国際見本市にも出展している．

94　第5章　一時的な産業集積を活用したゲートキーパーの役割

表5-4　地方自治体の国際見本市出展インタビュー調査結果

| 事例 | 出展目的 | 出展頻度 | 共同出展の有無 | 共同出展企業への補助 | 出展企業の募集方法など |
|---|---|---|---|---|---|
| A県 | 販路開拓 | — | 有 | 1社あたり24万円補助 | — |
| B県 | 販路開拓 | 毎年 | 有 | 3万円の企業負担分以外は県が負担 | インターネットでの公募ののち，担当者による個別企業訪問 |
| C県 | 販路開拓（企業誘致） | 初回 | 有 | 県がほとんどの出展費用を負担 | 担当者のネットワークによる個別案内（インターネット公募も実施） |
| D市 | 販路開拓 | 毎年 | 有 | 一定額の補助金（金額不明） | 過去の出展企業の再出展が多い |
| E市 | 販路開拓（企業誘致） | — | 有 | — | 個別の企業訪問によるネットワークを活用 |

出所）筆者作成.

　第二に，B県は販路開拓を目的として毎年この見本市に地域企業と共同出展している．これらの企業は出展するにあたって3万円のみ負担し，その他の費用はB県が補助している．B県では共同出展企業についてインターネットを通じて広く募集したが，なかなか希望する会社が応募してこなかったため，企業に幅広いネットワークをもつ職員が個別に企業訪問して参加を勧誘した．

　第三に，C県は地域企業の販路開拓を目的とする出展だが，企業誘致についてもパンフレットなどを置いて対応している．高い技術を有する地域企業と共同出展しており，出展費用は主催者であるC県がほとんど負担している．C県は出展企業をインターネット等で公募するが，基本的には担当者が有している企業とのネットワークから選択したところへ個別に出展を案内している．特に，県は人事異動で担当者が移動するが，財団職員は比較的同じ仕事に長期間従事するので企業とのネットワークができてい

る．この見本市に出展するのは初めてであるが，その他に毎年出展している見本市もある．今回は，他の地方自治体の担当者から，この見本市が販路開拓によいと聞いて出展していた．

第四に，D市は毎年この見本市に企業と共同出展している．D市から地域企業に対して出展案内を行うが，過去の共同出展企業が再度出展を希望するため，確保している出展枠がすぐに埋まる．出展企業に対してはD市より一定の補助金を出している．

第五に，E市は販路開拓を目的として地域企業と共同出展しており，出展企業の発掘は訪問を繰り返して構築した企業とのネットワークを活用している．E市の企業誘致担当部署が中心となって出展しているが，新たな立地場所を探しに見本市を訪れる企業は少ないので，見本市での企業誘致は難しい．

以上の地方自治体へのインタビューを通じた検証を受けて，次節においては事例研究の結果を整理し，先行研究に基づく問題意識のもと，地方自治体の国際見本市出展について考察する．

# Ⅳ　国際見本市出展の目的と運営形態

前節までの事例研究の結果を整理すると，地方自治体が国際見本市に出展する目的は地域への企業誘致と地域企業の販路開拓の二つに分類できる．都道府県レベルの広域自治体にとって見本市出展は一般的な産業施策となっている．地方自治体単独やその関連団体が主体となって，クラスター外との取引拡大など販路開拓や新たなマーケット情報の取得をめざして地域企業と国際見本市に出展している．

また，地方自治体が出展目的によって直接出展するか外郭団体などの関連団体を活用するかを使い分けており，企業誘致の場合は地方自治体直営

で行い，販路開拓の場合は地方自治体の関連団体を通じて実施している．

その理由としては，第一に，企業誘致が目的の場合であれば，産業団地などの地方自治体が主導する地域の開発プロジェクトや立地に関する補助金などの情報を地方自治体自身が最も有していること，さらに，新たな土地に進出することによる企業側の不安や不確実性に対して，よく知られた府県および市の名称を用いて地方自治体職員が自ら対応することで懸念を払拭し，より信頼性が高まることを期待していると考えられる．

第二に，販路開拓が目的の場合であれば，共同出展企業をとりまとめて，地域の企業が有する製品や技術を適切な潜在顧客に効果的に紹介する必要があり，その業務を行うには関連業界に関する深い知識と経験やビジネス感覚が求められることから，数年間で人事異動し担当が変わる地方自治体よりも，外郭団体などで長期間にわたり専門的業務に従事する人材を活用するほうが望ましい．

また，販路開拓の場合は，特定の企業の営業活動を支援することも必然的に業務となり，地方自治体としては，特定の民間企業の支援に偏ることは他の企業と比べた公平性の観点から適切ではないという判断があるものと想定される．

今回，事例研究より得られた示唆は**表5-5**のようにまとめられる．地方自治体は国際見本市出展において，企業誘致の側面から自ら見本市におけるアクターとして工場団地など地域の企業立地環境の整備状況について情報発信するとともに，その見本市がテーマとしている産業分野における情報収集を行っている．一方で，地方自治体はクラスター内の企業とクラスター外とを取り持つゲートキーパーとして，見本市の一時的な地理的近接性を活用し，クラスターの企業や技術をクラスター外の企業に紹介する役割を果たす．

地方自治体による国際見本市での販路開拓支援について，最終的にどれだけ新たな取引先の開拓につながるかは企業の自助努力に負うところが大きいが，地方自治体との共同出展により，出展費用の補助や手続き面での

表 5-5　地方自治体による国際見本市出展の目的と運営形態

| 目的 | 地方自治体の役割 | 情報発信内容 | 出展形態 | 企業との共同出展 | 求められる要素 |
|---|---|---|---|---|---|
| 企業誘致 | 主体（アクター） | 企業立地環境（産業インフラや補助金などの優遇制度） | 地方自治体直営が多い | 少ない | 公共としての信頼性，誘致対象企業の不安の解消 |
| 販路開拓 | 代理人（ゲートキーパー） | 地域企業の優れた製品・技術 | 地方自治体関係財団・協議会などが多い | 多い | 関連市場に関する知識や経験，地域企業とのネットワーク |

出所）筆者作成.

支援を受けた地域企業は，新たな取引先を開拓し，取扱商品に関する情報を入手するための取引コストを削減することができる.

　大企業に比べて経営資源が限られている中小企業では，海外の市場や国際取引に関する知識や経験が不足しており，語学面でも対応できる人材の確保が難しい．そこで，地方自治体と共同出展することにより，地域の企業が海外の見本市に出展する心理的あるいは物理的なハードルを下げることができる.

　また，地方自治体が地域を代表して出展することで，共同出展企業に対してその取引上の信頼性を高める機能を果たしていると想定される．地理的に離れ言語や文化も異なる場合のある取引において，潜在的な取引先企業の信頼性がどの程度あるか判断することは難しい．しかし，そのような情報の非対称性を地方自治体が関与することで一定程度解消し，企業間取引の構築を円滑化する効果があると考えられる.

　このように，先行研究においてRychen and Zimmermann（2008）が指摘したように，域内外の資源の相互連結に貢献し，地域の企業等が外部の関係性から利益を得るのを支援する，地域の産業発展にとって重要であるゲートキーパーの役割を，地方自治体が国際見本市出展で果たしているこ

とが明らかになった。また，Rychen and Zimmermann（2008）が論じた，国際的な見本市に継続して参加することで潜在的なパートナーとの信頼関係を構築するという点についても，事例研究のCEATEC JAPANにおいて地方自治体の半数が2回以上参加しており，継続しての出展が多いこと，インタビュー調査において，地方自治体が他の自治体の口コミを参考に，効果的と思われる国際見本市を選んで出展したり，地域のリピート参加企業と毎年出展している事例などからも一定程度あてはまると考える．

## V おわりに

　本章では，地域の持続的発展を追求する地方自治体の国際的な地域産業政策の取り組みとして国際見本市出展を取り上げ分析してきた．クラスター論の先行研究では，国際見本市は一時的クラスターとして位置づけられ，通常，地理的に離れているアクターが短期間ある場所に集合し，対面による知識交換を果たすところである．参加者は意見交換や観察を通じて，その国際見本市がテーマとする分野の最先端の技術情報や商品トレンドなどを学習することができるとされてきた．

　地域企業が販路開拓を行い地域外の需要を取り込み，事業に関する新たなアイディアや技術革新をもたらす情報収集を行う．結果として新たな産業やビジネスが地域に創出され，その結果として域外企業がその地域に進出することは地域経済の発展にとって望ましいことである．地域がグローバルな分業体制に組み込まれ，多様な知識の流入によりイノベーションを創出するという点で，地方自治体による国際見本市への出展は重要であると考えられる．

　本章を通じて，特に都道府県レベルの広域地方自治体が企業誘致と地域企業の販路開拓を求めて国際見本市に出展していることが一般的であり，

その出展目的に応じて直営による信用創造や，関連団体などの専門性を活かすなどのバランスに配慮しており，効果的な情報発信のために企業との共同出展を活用していることが明らかになった．

地方自治体は国際見本市出展において，企業誘致のため自ら見本市におけるアクターとして工場団地など地域の企業立地環境の整備状況について情報発信するとともに，その見本市がテーマとしている産業分野における情報収集を行っている．

これは，Government to Businessのプロモーション形態であり，地方自治体が企業にその立地環境の良さをアピールしている．一方で，地方自治体はクラスター内の企業とクラスター外とを取り持つゲートキーパーであり，見本市の一時的な地理的近接性を活用し，クラスターの企業や技術をクラスター外の企業に紹介する役割を果たす．

地方自治体にとっての国際見本市出展事業の課題としては，日本国内だけでも年間500件以上開催される見本市のうち，どの見本市に出展するか，地域の強みに応じた戦略的な行動が必要である．地域内のどのような企業に見本市出展を呼びかけるか，出展する企業に対して出展料の補助をどれだけ行うかといった国際見本市出展事業の設計のなかで，地域経済の強みや立地する企業の特徴などクラスターとしての特徴と，現在の経済トレンドを考慮して判断する必要がある．

さらに，事例研究で見たように，地方自治体は試験的な出展を繰り返すことで地域にとって最適な国際見本市を選び出すとともに，何度も繰り返し同じ見本市に参加することで，参加者間でのより深い信頼関係の構築などにも配慮することが求められる．この点について，地方自治体が信頼のできる企業と共同出展しているという前提を裏切るようなことがあれば，繰り返し同様の国際見本市に参加するなかで，その地域への信頼は失われることになる．持続可能で効果的な見本市出展を行うためには，地方自治体自身が地域内に緊密な企業とのネットワークを構築しておく必要がある．

## 注釈

59）一時的な地理的近接性に基づく知識移転についてTorre (2008)，一時的なクラスターとしての見本市についてMaskell et al (2005)を参照されたい．

60）Huggins and Thompson (2013) は，地域の成長は地域内外の知識の組織間流動を通じて創出される価値の一部であり，組織によって知識に対してこれまで構築されてきたネットワークへの投資はネットワーク資本と呼ぶことができると論じている．

61）リードエグジビションジャパンによる『来場者数速報』（2013年3月6日）および日本貿易振興機構による『見本市・展示会データベース　世界の見本市・展示会PV EXPO 2014 〜第7回［国際］太陽電池展〜』（2013年3月26日）に基づく．
http://www.wsew.jp/RXJP/RXJP_JREW/documents/2013/wsewjp_2013_TAC_0307.pdf（2013年9月19日閲覧）．
http://www.jetro.go.jp/j-messe/tradefair/PVEXPO_38799（2013年10月18日閲覧）．

62）滋賀県は共同出展という形はとっていないが，出展概要によれば地元企業2社の製品紹介となっており，「販路開拓」に分類した．また，地域の企業と共同出展しているが，出展目的を「企業誘致」と分類したのは神奈川県企業誘致促進協議会で，企業とは横浜銀行である．

63）より広域による出展として「中国地域太陽電池フォーラム」「九州ソーラーネットワーク」によるものがあるが，本書では地方自治体が中心となった見本市出展について取り上げており，指摘するのみにとどめる．

64）CEATEC JAPANホームページに基づく．
http://www.ceatec.com/ja/outline/index.html（2013年9月23日閲覧）．

65）同時開催展も含み863団体が出展している大規模な国際見本市である．関西機械要素技術展ホームページに基づく．
http://www.mtech-kansai.jp/about/Outline（2013年9月23日閲覧）．

## 第6章

# 今後のクラスター連携の方向性
### ―欧州のクラスター政策とアジアにおける国際分業―

## I　欧州におけるクラスター連携の潮流

　前章まで，グローバルな競争環境のなかで，地方自治体が地域の経済面での競争力を高めるため，グローバルパイプラインやゲートキーパーの役割を果たすことを論じてきた．本章においては，海外事例調査として，経済統合という社会実験のもといち早く国境の壁をなくし，地域が外国と直接向き合い都市間競争を繰り広げる欧州連合（European Union，EU）の事例について検討する．欧州で実施されている地域政策で，近年注目されているスマートスペシャリゼーションの理念と実践を分析し，欧州の地方自治体の事例を参照することにより，日本の地方自治体が国際的な地域産業政策を行うにあたっての政策的なインプリケーションを検討する．そして最後に，アジアにおける国際分業と地方自治体による国境を越えたクラスター連携政策の可能性について論じる．

　欧州における地方自治体レベルの国境を越えたクラスター連携に関する先行研究として，岡部（2003）はデンマーク・コペンハーゲンにおけるクラスター形成に関して，医薬分野の域内ネットワークで産業集積を形成したエレスンドリージョンを事例調査した．これは，デンマークのコペンハーゲンとロスキル，スウェーデンのマルメとルンドの都市に分散する医薬関連会社，研究機関，大学が緊密に連携しているもので，その形成にあたっ

ては交渉により域内競争を抑制し，調整と連携で得られた空間バランスを対外的な競争力にするものである．成り行きにまかせれば，都市は大学・研究機関や大企業の誘致をめぐって激しく競争し合うが，共通する分野で連携する都市があれば，相互に調整することで，それぞれが特性を生かし，例えば一方が学術研究を担い，他方の都市が産業を担う道が開ける．都市が競争力を強化するために，どこが何に特化するかをお互いの合意で決定し，相互にネットワークを強化し合い，クラスター型ネットワークとして行動し，自分たちの地域を一つのまとまりとして外に売り込んでいると論じた（岡部，2003，pp. 206-207）[66]．

また，出石（2012）は，英国の地方自治体が政策立案や評価の手段として国外に視野を広げ相互学習を進めようとするなか，企業の国際的な競争力の強化の支援，特に企業による海外の情報源からの情報入手を支援する仕組みが，いくつかの地方自治体で地域経済開発の重要な手段の一つとして注目されていることを明らかにした．事例として，地方自治体のイングランド北西部は2006年に発表した地域経済戦略のなかで，グローバル化と新興市場の勃興から生まれる機会を最大限に活かし，地域企業が海外で競争できるように国際化戦略の策定を決定した．2008年に発表された国際化戦略では，域内への直接投資の呼びかけに加え，地域企業による海外への直接投資やサプライチェーンの国際化を進め，国際競争力のある産業を育成することを打ち出している．そしてイングランド東部地域は，地域企業による研究開発の国際的な提携やオープン・イノベーションの発展を柱とする国際化戦略を策定し，産学の国際的な連携を強め最大限に利用する，地域の情報通信技術クラスターと海外との結びつきを強化する，海外の戦略的に重要な地域との連携を深めるなど，海外からの情報入手の支援を強く打ち出していることを出石は指摘した[67]．

## II EUにおけるスマートスペシャリゼーション

### II-1 スマートスペシャリゼーションの理念

　第2章でも言及したとおり，欧州の地域政策におけるスマートスペシャリゼーションという概念の骨子は，地域が比較優位をもつテーマにより特化し，一方で，幅広く協調することで，経済活動・イノベーションの効率を上げ，地域のイノベーション主導による成長を実現しようとするものである．EUはスマートスペシャリゼーションを持続可能で包括的な成長をめざす「EU 2020」アジェンダに取り入れ，地域におけるスマートスペシャリゼーションの取り組みの達成状況に応じて，構造基金プログラムを通じた今後の資金援助を行うこととしている[68]．

　その経過として，2009年にヨーロッパ委員会は「成長のための知識（Knowledge for Growth）」と題したレポートを公刊した．そこで調査担当の欧州コミッショナーであるJanez Potočnikに諮問する専門家グループは，特に地方政府が主体となって，未来における地域の能力（capacity）と競争優位の構築のために，地域の生産用資産を補完するドメインへの投資を支援すべきであると主張した（OECD, 2013, p. 11）．

　スマートスペシャリゼーションは「イノベーションによる成長のための地域政策の枠組み」（OECD, 2013），「将来の地域の能力と地域間の競争優位を構築するようなプログラムへの投資を奨励すること」（Foray et al, 2009）であり，「ある特定の地域における構造条件と政策を特定し，それがこの先20年間新しい産業の地域化をもたらし，存続させうる可能性が増すような政策」（Foray and Goenaga, 2013）である．その考え方の多くの部分は新しいものではなく，イノベーション，産業政策，そして地域経済発展に関する幅広い研究成果を取り入れたものである．

　Foray et al（2011）によれば，スマートスペシャリゼーションの前提と

なる問題意識は，第一に，ある地域が科学技術やイノベーションのすべての分野に取り組むことはできないこと．第二に，その地域の知識基盤をユニークでより競争力のあるものにするために必要なことを行わなければならないというものである．そして，このような問題意識をふまえたうえで，産業政策を実施するにあたって重要なことは，第一に，知識の生産と活用において，規模，範囲，そしてスピルオーバーの潜在能力を実現させること，第二に，将来において他と区別される独特の特化した分野を発達させるために，特定のドメイン（事業分野）に政策資源を集中することである（Foray et al，2011，p. 10）[69]．

　さらに，スマートスペシャリゼーションの特徴として，Foray et al（2011）は次の4点を指摘している．第一に，スマートスペシャリゼーションにより地域が必要なものは，技術的発見というよりは潜在的な特化に関する起業家的発見であり，特化していく新たなドメインが，地域にとってすでに保有する資産を活用するうえで非常に有益であること[70]．第二に，類似参入（imitative entry）であり，新しく特化するドメインでの最初の取り組みや発見が成功したら，その他の関係者たちも同じように古いドメインを離れて新しいドメインに投資すること．第三に，新たに生まれてきたトレンドに沿って必要な公共財を供給すること，新たな活動が成長することを支援する重要なボトルネックに追加的なインセンティブを創設すること．第四に，取り組みの成果は，単に技術的イノベーションにとどまらず，地域経済全体としての構造的進化をもたらすものであることである．これらは，多くの地域や国にとって，最も重要なイノベーションとは技術的なものではなく，発明や創造的な活動から生み出される特定のビジネス上の新しい取り組みにあるという考え方に基づくものである（Foray et al，2011，pp. 6-8）．

　スマートスペシャリゼーションは知識分野に重点を置いており，起業家的発見によりその特化する分野を明らかにし取り組むものである．そこで，特化するドメインを検討する際に，何を基準にしてどのような判断が行わ

れるべきなのか，また，特化を行う際の地理的な区分に関する研究を次に
まとめる．

　Foray and Goenaga (2013) によれば，スマートスペシャリゼーション
において特化する優先順位は，産業分野といった大きなレベルからミクロ
な活動レベルの間の「中粒」のレベルであるとした．それは第一に，いく
つかの企業のグループやその他の (研究) パートナーからなる新しい活動・
プロジェクトであり，第二に，(技術あるいは市場) 機会の新しいドメイ
ンを探索するものであり，第三に，潜在的に一定の存在感があるとともに
地域経済との深い関係性を有することである[71]．特化する対象となるの
は，例えば地域で古くから育ってきた木材パルプと製紙産業全般ではな
く，同分野の産業に応用可能なナノテクノロジーの開発などの活動であ
り，政府が支援すべきであるのは，セクター全体や特定の企業群ではなく
新しい活動の成長であると論じている (Foray and Goenaga, 2013, pp. 3-4)．

　OECD (2013) によれば，これまでの産業政策における優先分野の設定は，
例えば，ライフサイエンス，バイオ，健康，ICT，環境技術，運輸と物流，
新素材といったように，主に広いドメインを対象とするものであった．一
方で，スマートスペシャリゼーションで特化対象とする「活動」は，幅広
い優先分野内の特別なニッチであり，農業バイオ，食の安全性，血液透析
システム，ビジュアルコンピューティング，センサー技術，グリーンビル
ディング，生物プラスティックといった形のものである (OECD, 2013,
pp. 43-44)．さらに，グローバリゼーションとICTの進化は，グローバル
バリューチェーンにおける生産の分散化を可能にしている．結果として，
経済分析における関係単位は産業や事業分野ではなく，「ビジネス機能
(business function) あるいは活動」となっており，それはデザイン，R & D，
調達，運営，マーケティング，顧客サービスなどである．このグローバル
バリューチェーンの観点から見ることで，特化が単に産業レベルのみでは
なく，バリューチェーンにおける特殊機能や活動において起こることがわ
かる．スマートスペシャリゼーションの取り組みは，グローバルバリュー

106  第6章 今後のクラスター連携の方向性

チェーンあるいは地域の生産システムのなかで，地域や地域クラスターが
よりよいポジションを採用する必要に応えるものである（OECD，2013，
p. 14）[72]．

　このように，スマートスペシャリゼーションの特化する対象としては知
識資源を重視しており，地域がグローバルバリューチェーンのなかで，
ニッチな活動に特化した知識資源を発展させる機会を得るものである．ま
た，その基礎となる知識は外部から取得するものであってもよいが，地域
の産業へ適切に応用することで，これまでの市場にないような新しい市場
の創造を目的とするものとなっている．

## Ⅱ-2　スマートスペシャリゼーションと地域経済

　スマートスペシャリゼーションにおいて，特化すべき優先活動を検討す
る際の重要な概念が一般目的技術（General Purpose Technology）とその
応用技術である．Foray et al（2009）によれば，一般目的技術の発明は経
済全体としての発明可能性の限界点を広げることであり，一方で，応用技
術の発達は特定の産業分野の生産機能を変化させることである．例示する
ならば，一般目的技術が蒸気エンジン，発電機，内燃機関であり，そこか
ら生まれた応用技術は蒸気船，蒸気機関車，電灯，直流モーターとなる．
さらに，これに地理的検討をあてはめると，基礎的発明に特化した地域と，
特定の応用技術分野に特化した地域の間で一般目的技術は空間的に伝播す
る．先導的な地域（leader regions）は一般目的技術あるいは異なる複数の
一般目的技術の組み合わせに投資する．一方で，追従的な地域は応用技術
の共創（co-invention of applications）に投資することが推奨される．その
事例としては，海洋性資源の収集に関するバイオテクノロジーの適用や，
ワインの品質管理，漁業，チーズやオリーブオイル産業へのナノテクノロ
ジーの適用，考古学上のあるいは歴史的な遺産の維持に関する知識管理へ
の情報技術の適用などである（Foray et al，2009，p. 3）．

　そして，Foray and Goenaga（2013）によれば，ある地域の既存の産業

分野と，ある特定の一般目的技術との間に補完性があり，その技術が地域の既存の産業分野に導入されることで範囲の経済性が働き，新しいビジネス基盤になるような潜在的な関係性を探索し明らかにすることが必要である．その新しい技術は，地域経済において広がり，様々な地域資源の利用効率を高め，新たな商品やサービスを生み出すが，そのような技術の地域におけるスピルオーバーを最大化するような方法の構築が，スマートスペシャリゼーションの実施の過程で必要となる．いったん，新しい活動に関する実験と発見が成功裏に終了し，それが地域において広がったなら，他の地域のエージェントは成長の機会の少ない古いドメインから新しいドメインに投資を転換する．このような新たな参入はスマートスペシャリゼーションの中心的な要素であり，集積の外部効果がそれにより実現できる（Foray and Goenaga，2013，p. 6）．

　次に，スマートスペシャリゼーションが適用される地理的範囲の検討を整理する．Foray et al（2011）によれば，スマートスペシャリゼーションは高度に産業が集積した都市にのみあてはまるようなものではなく，あらゆる地域に経済発展の可能性をもたらす概念であり，研究開発とイノベーションにおいて，都市でたった一つの方法があるということではなく，その他たくさんの生産的で潜在的に有益な活動が存在すると論じている（Foray et al，2011，p. 5）．

　一方で，Mccann and Ortega-Argilés（2013a）によれば，スマートスペシャリゼーションは，すべての産業と技術分野を備えた巨大で非常に多様化している都市センターや先進的な知識地域にはあまりあてはまらない．都市と地域の間にある中間的な地域や，都市センターを有する多くの小さい規模の地域こそ，スマートスペシャリゼーションが効果的な地域である．さらに，孤立した地域においては，産業や技術分野の規模不足が政策アプローチの効果を減ずる可能性が高いので，スマートスペシャリゼーションは非常に限定された可能性しか有しないと論じた（McCann and Ortega-Argilés，2013a，p. 8）[73]．

また，Camagni and Capello（2013）は，スマートスペシャリゼーションにおいて，「一般目的技術を開発する研究地域（中心）」と「地域の技術特性に一般目的技術を適用する共同応用地域（辺境）」という単純な分類は不適切であると指摘した．そして，イノベーションの地理は単純な中心-辺境モデルよりも複雑であり，イノベーションのパターンは，地域文脈の条件に応じて地域により異なると論じた（Camagni and Capello, 2013, p. 355）．

これまで述べてきたスマートスペシャリゼーションの理念のもとでの，地域経済の活性化を目的とする新しいドメインの探索と活動は，最終的には地域経済の構造的変化として実現される．それは，単なる技術的イノベーションというよりも，地域経済全体の構造的進化である．

Foray et al（2011）によれば，地域経済の構造変化をもたらすスマートスペシャリゼーションは4種類に区分できる．まず第一に，「変遷（transition）」は，すでに存在する産業上で共有されているもの（イノベーションを生み出す集合的R＆Dやエンジニアリング，製造能力）から新しいドメインへ変化することである．第二に，「近代化」は，一般目的技術の特別な応用方法（specific applications）の開発により，既存の産業分野における効率性と品質が大きく向上することである．第三は，新たな一連の生産活動を開発することによる地域の「多様化」である．十分に発達した経済活動の一部と，新しく未開発な経済活動との間には，範囲の経済やスピルオーバーといった潜在的なシナジー効果が認められる．第四は，全く新しく独特のドメインを形成する場合である．ある分野の調査研究やイノベーションを通じて，地域経済の中において進歩的でビジネス上の魅力のある活動を創出する．地域外からもたらされるR＆D資源や経営経験が地域の専門性と結びついて，地域固有の資産に基づく活動の新たな拠点を形成する（Foray et al, 2011, pp. 8-9）．このように，地方自治体が行うスマートスペシャリゼーションの最終的な目標は，地域経済構造の変化とされる．

## II-3　スマートスペシャリゼーションの政策的実践

　本節では，スマートスペシャリゼーションを施策として実践する際の過程について検討する．Ketels（2013）によれば，スマートスペシャリゼーションは次の6段階のアプローチからなる．まず第一に，地域の状況とイノベーションの可能性の分析であり，現在のクラスターの構造を精査することで地域が特化する動きを妨げる障害の有無を見いだす．第二に，ガバナンスであり，個々の政策領域を越えて官民連携を進めるプラットフォームを創設する．第三に，地域の未来のための全体的なビジョンの構築であり，その地域が企業に対して提供できる特別な優位性について明らかにする．第四に，優先順位の決定であり，その地域が国あるいはグローバル経済のなかで果たすべき役割から導き出される戦略的ポジショニングの中心となる競争優位が何かにより，地域における優先順位を決定する．地域として存在感を増していきたい，あるいは競争相手から現在たいへん遅れているものであっても優先すべき分野となる．第五に，EUが行う融和政策との政策ミックス，今後の行動計画の策定であり，地域のビジョンや戦略的ポジショニングについて，決定した優先順位を考慮しながら個別の政策に落とし込む．そして最後の第六として，政策や行動計画をどのようにモニタリングし評価するかを定める（Ketels, 2013, pp. 279-281）.

　なお，一度，このスマートスペシャリゼーションを実行に移したとしても，定期的に成果を査定することで，非活動的なプロジェクトに無駄な助成を長く行ってはならない．その適正な期間は，Foray and Goenaga（2013）によれば4年程度となる．スマートスペシャリゼーションの目的は，新しい選択肢の創出によって地域の経済システムを多様化することなので，優先順位の高い活動が永遠に選ばれ続けるわけではない．政策実施に投下できる公的資源には限界があるため，重要なことは優先される活動のポートフォリオを定期的に検証することである（Foray and Goenaga, 2013, p. 4) [74].

　このように，スマートスペシャリゼーションは，地域が特化すべき活動のポートフォリオを保有することであり，複数の活動に地域の政策資源を

投資するとともに，数年おきにその投資効果について評価し，ポートフォリオの入れ替えをすることで，政策資源の効率的な活用をめざすものである．この点で，スマートスペシャリゼーションの理念は動態的なものを含んでいるといえる[75]．

次に，スマートスペシャリゼーションが政策的にどのような社会的価値をもたらすかについて，理論的な整理とともにクラスター政策との比較の観点から確認する．OECD（2013）によれば，特定のドメインへの特化を促す市場への公的介入を理論的に正当化するものは，資源の効率的配分を妨げる外部性と市場の失敗である．

**表6-1**のように，第一の情報の外部性は，政府も産業も今後，どのような産業が成長するかについて完全な情報を持ち合わせていないこと，そして第二は，外部性の調整であり，新しい活動分野を見つけようとするアクター個々の活動と発見の機会はいくつかのプロジェクトで必要とされる高い固定費用と大規模投資により制限されることである（OECD，2013，pp. 23-24）．

Foray et al（2009）によれば，地域経済の発展を導くような特化すべきドメインの発見は，高い社会的価値を有するが，それを最初に発見する起業家は，その分野にその後多数の新規参入が生じるため，その投資の社会的価値の非常に限られた部分しか，自らの利益として得ることができない．また，そのような最初の発見を行う起業家は，（収益性を高める）マーケティングやファイナンスを行うための外部との十分な関係性をもたないことがある．それゆえ，起業家にとってそのような発見を行うインセンティブが働かない．そこで，政策的にそれらの起業家が社会的価値にふさわしい報酬を得るような制度構築が必要となる．特に政策形成者は，特化する適切な活動を選択するという役割を重視し，新興の技術や商業の機会や制約，国内あるいは輸出市場における生産と過程の安全基準，金融や販売代理店といった外部資源に関する適切な情報を提供し集約する重要な基盤的役割を果たす．地域の企業家が相互に連携を強化することを支援し，

Ⅱ　EUにおけるスマートスペシャリゼーション　111

表 6-1　スマートスペシャリゼーションの合理的根拠と取組事例

| 根拠項目 | 課題 | 政策介入のテーマ | 取組事例 |
|---|---|---|---|
| 情報外部性 | 低い「自己発見」活動<br>低い情報交換量<br>知識のスピルオーバーを制限する地域内外取引活動の不足 | 新しいドメインを発見した起業家に報いるインセンティブ | 発明や発見への表彰<br>金銭的インセンティブ<br>知的財産権 |
| | | 非伝統的なアクターを関与させるインセンティブ | 公共セクターイノベーションへのインセンティブ（調達） |
| | | 地域内外の取引活動を促進させるプラットフォームやメカニズムの創設 | 公共ウェブコンサルテーション<br>地域ワークショップ |
| | | 重要なインフラの供給によるプロセスの支援 | イノベーションクーポン券<br>国際化支援サービス |
| 外部性の調整 | プロジェクトに求められる高い固定費用と大規模投資のための低い「自己発見」活動 | 異なる起業家による投資の調整と決定<br>バリューチェーンサプライヤー，生産者，利用者，特化サービス，銀行，基礎研究と研修機関を通じた多くの経済当事者間の調整<br>規模あるいは集積経済を有する技術への支援 | クラスター政策<br>技術銀行<br>官民連携<br>イノベーション志向の調達<br>産業別プラットフォーム<br>中小企業支援組織<br>実証実験プロジェクト<br>技術支援サービス |

出所) OECD (2013) p. 24, Table1.1 を筆者修正.

　この発見の過程を促進させるような一般的な知識を蓄えることも重要な活動である（Foray et al, 2009, p. 2）[76].

　これまでの地域クラスター政策との比較として，Foray et al (2011) は，地域クラスター政策は基本的に根本的な変化や新たな方向性に対するものであり，地域の産業開発プログラムに対して強力に模倣を求める中央開発機関の支援とともに始められ，促進されるものである．それは知識基盤の標準化，R＆D推進に関する無駄の多い重複，既存の集積経済の浪費であり，結果として，国の産業政策を模倣する地方政府は，有限の投下資本，

112　第6章　今後のクラスター連携の方向性

経営資源と知識資源を誘致しようと競争する．一方，スマートスペシャリ
ゼーションは，地域の知識基盤を独特の何かユニークなものにする発見を
捉えることであり，地域の経済システム内における知識や専門分野の多様
性を促進する．それぞれの地域が産業集積の利益をより多く享受し，グロー
バル市場がもたらす需給ショックにより脆弱にならないように，経済全体
を演出すると論じた（Foray et al, 2011, p.16）．

　Foray et alの主張における国の施策を模倣する地方という理解は議論
のあるところであるが，多くの地方自治体がクラスター政策として，環境
技術やライフサイエンスといった同じような分野に対して取り組みを進め
ていることは，日本においても同意できるところである[77]．

# III　欧州地方自治体の国際的な地域産業政策

## III–1　欧州における域外との連携による地域産業政策

　前節まで，欧州における地域産業政策の新しい考え方として，スマート
スペシャリゼーションの理念について詳細に検討してきたが，本節では，
欧州地方自治体の国際的な地域産業政策の実践について確認する．

　欧州において様々な地方自治体が多様性のある施策を実施していると想
定され，一律に論じることは過度な一般化を求めることになる．ただし，
EUが2008年に実施した調査であるOxford research AS（2008）によれば，
すべての国において一般的には地域レベルと国レベルのクラスター政策の
重要性は同じであり，言い換えれば，クラスター政策を国レベルで重要だ
と考える国においては，地域レベルでも重要であると考えている．そして，
オーストリア，デンマーク，スペインは，国よりも地方レベルのクラスター
政策を非常に高く評価しており，これらの国々では，イノベーションと地
域開発において地域が力強い役割を果たしていると結論づけている．そこ

Ⅲ　欧州地方自治体の国際的な地域産業政策　　113

で，本節においては，欧州の中でも地域産業の活性化において地域が特に力強い役割を果たしているとされるスペインとデンマークの事例を取り上げる[78]．

## Ⅲ-2　スペイン・マドリッド市

2005年に，スペイン・マドリッド市役所経済雇用部 (City Council of Madrid, Department for Economy and Employment) は，マドリッドのビジネス競争力を高めることを目的とする機関としてマドリッド経済開発庁を設立した．この組織は，起業家へのサービス提供に規模の経済とシナジー効果をもたらし，中小企業の競争力を高め，ビジネスへの意欲を促進し，資金調達力を向上させ，外国投資を促進するとともに，マドリッドにおけるビジネスの国際化を行う．

2008年にマドリッド市が設けたマドリッド経済開発庁戦略プラン (Strategic Plan08-11) は，その前のプランを改訂したものであり，競争力向上のための重点項目として，(1) インフラストラクチャー，(2) 企業とビジネスマネージメント，(3) 国際化の3点を位置づけている．

そして，「国際化」が新たにグローバル化された経済環境において重要であると位置づけ，経済的な繁栄を維持するためには，経済，産業そして企業が成長可能で，国際的な場においてその存在が感じられることができるようになる必要があるとし，そのための具体的な取り組みを「経済モデルの強化」と「新たな経済モデルの加速」という2項目に分類して，取り組みの段階に応じてレベル1から3に発展段階を整理した．

第一に，「経済モデルの強化 (reinvigoration)」について，レベル1はマドリッドにおいて外国投資サービスを立ち上げ，外国投資関連企業を対象とする新たなサービスを統合すること．レベル2は，ロンドン，ニューヨーク，東京において，それぞれのビジネス界とのフォーラム開催を制度化するとともに，地域としてはラテンアメリカ，日本，中国，米国を想定して市への投資誘致計画を推進すること．レベル3は，経済担当部署とマドリッ

114 第6章 今後のクラスター連携の方向性

ド海外事務所への支援に加えて，著名な国際見本市や雑誌等出版物におけるマドリッドの存在感の向上としている．

　次に第二の「新たな経済モデルの加速」の取り組みとしては，レベル1が国際ビジネスセンターの立ち上げと，国際物流運輸見本市の創設による物流拠点としてのマドリッドの知名度向上，レベル2が国際ネットワークを通じた起業家グループへの支援とマドリッド拠点企業の包括的な国際化支援計画の推進，レベル3が著名な国際見本市や雑誌等出版物におけるマドリッドの存在感向上と「ビジネス協力」創出を促進させるインセンティブ計画の設計となっている．

　特に，クラスターの観点を重視しており，戦略プランのなかでも「クラスターの存在は新たな技術やイノベーションを製品やプロセスや方法論に導入することによる新たな発展の取り組みを創造する」とし，最終的には市の経済基盤を付加価値の高い，より生産的な分野へ変化するよう誘導することで，関連するすべての企業の競争力が高まるとしている（City Council of Madrid, 2008, pp. 31-33）[79]．

## Ⅲ-3　デンマーク・コペンハーゲン環境クラスター

　コペンハーゲン環境クラスター（Copenhagen Cleantech Cluster, CCC）は，デンマークと外国企業，知識機関，組織，政府機関の知識共有と協働のための効果的なプラットフォームとして設立された．デンマークの経済成長と雇用促進を狙いとしており，環境技術分野での中小企業の成長支援と気候・環境に関する社会的課題の革新的で持続的な解決手法の開発と実践を促進する．そして，デンマークの環境技術に関する国際的なポジションを強化し宣伝することで，同分野におけるデンマークの競争力と可能性に関する国際的な認識を高めるとしている．

　2009年に設立されたCCCの当初の設立メンバーは，コペンハーゲン市役所やコペンハーゲンの西に位置するアルバーツランド（Albertslund）市役所，コペンハーゲン企業誘致庁（Copenhagen Capacity），コペンハー

ゲン大学やコペンハーゲンビジネススクール，デンマーク工科大学などの大学研究機関，デンマーク経済連盟[80]，シーメンスやIBMのほか会計・法律事務所などの大企業である．広域自治体であるデンマーク首都地域，ジーランド地域，そしてEU構造・収斂基金からの1億4200万デンマーククローネ（約28億円）の資金を確保している．

CCCの運営指針は「生まれつきグローバル（born global）であり，世界に対してデンマークの環境技術への好ましい入り口としての役割を果たすとともに，その外国パートナーとのネットワークを通じてデンマーク企業の国際化を支援するとしている．そして2009年にCCCは国際環境技術ネットワーク（International Cleantech Network, ICN）を設立した．ICNは環境技術をテーマにする世界で最も活動的なクラスターを連結することで，ビジネス，知識機関および地方自治体間での知識共有を拡大し，新しいビジネス機会を生み出し，競争優位を拡大することを目的としており，環境技術クラスター間での国際的な協働プラットフォームとして，地域間の協働を高め，新技術，能力そして市場シェアをめぐる争いにおいて，それぞれの地域に競争力をもたらす機能を果たす．

CCCは，コロラドクリーンエネルギークラスターとの間でICNの設立と運営に関する協定を締結したのち，2011年には世界で10のクラスターがICNに参加することになった．このような国際的なクラスター連携のメリットとして，CCCの参加者は幅広い価値あるプログラムを利用することができる．具体的にはパートナーシップの構築や，ビジネス機会の検討，マーケット調査や地域を越えた情報共有，起業家精神やインキュベーション，教育や研究分野の交流プログラムである．国際的な市場開拓，研究開発のパートナーシップの構築や優れた事例の共有，企業の国際化，環境技術開発，最新のプロジェクト，補助金や資金調達の制度，利用できる試験検査施設など，それぞれの地域における情報を共有する．

このように，デンマークのコペンハーゲンにおいては，地方自治体が地域の競争力強化と雇用確保のため，公民学のプラットフォームを形成し，

116　第6章　今後のクラスター連携の方向性

企業や研究機関の取引・連携先やＭ＆Ａ先，研究パートナーの発掘を支援し連結する役割を果たすことで，地域におけるビジネスとイノベーション創出を支援していることがわかる[81]．

# Ⅳ　地方自治体によるクラスター連携の課題

　前節までの検討による地方自治体のクラスター連携施策に関する示唆として二つ指摘する．それは，第一に，クラスターの規模や内容に応じた地方自治体の連携であり，第二に，地方自治体のマネジメント手法の改革である．

　第一の点について，地方自治体のクラスターの国際的な連携を想定する際に，クラスターの地理的大きさと地方自治体の管轄範囲の相違が生じることがある．クラスターの国際連携を効果的に行うためには，そのクラスターの規模に応じた地方自治体の支援が必要となる．その際に両者に規模の相違が存在するのであれば，地方自治体としてはいくつかの地方自治体がクラスターの国際的な外部連携の事業を共同して行う等の取り組みが必要になるだろう．それは，適切な規模の地方自治体の連携によって克服されていくと考える．

　EUでは補完性の原理のもと，できるだけ住民に身近な小さな単位の地方自治体が中心となって公的なサービスを行っている．この原理をあてはめると，クラスターの規模に応じて，最も小さい地方自治体が横に連携していくようなモデルが想定される．これまで日本においては，経済産業省の地域経済産業局がより広域的な観点から産業クラスター計画を実施しているが，このような地方自治体の連携によるボトムアップのアプローチも可能であると考える[82]．また，地理的に近接する地方自治体が連携することを，仮に自治体横連携とするならば，すでにデンマークのコペンハー

ゲン環境クラスターで実践されているような，地域を共通事項にして産業や大学などのセクターを超えた産学公の縦の連携も，クラスターの国際的な外部連携に求められる．

第二の点について，地方自治体が国際的な地域産業政策を実施するためには，これまでのようなどちらかといえば公平性と透明性，手続きの正当性を重視する行政運営システムでは，スピード感と効率性の点で見劣りがすることは否めない．たとえ，地方自治体が直営でこのような事務を行わなくても，出資団体の活用や複数年にわたる業務委託など，公民協働の手法を活用する形で，より優れた成果を上げることができる組織の運営が必要である．

欧州においては，クラスターマネージャーという職業が生まれつつある．これはクラスターを経営する専門職であり，クラスター内の企業や大学等のコーディネーターとして，知識交換を促進することによりイノベーションを生み出すとともに，クラスター外に適切なビジネスパートナーを発見し，そのクラスターへ新たな知識やアイディアがもたらされることを支援する．

地方自治体の産業振興を担当する部局は，クラスターマネージャーになる必要がある．その地域の産業について熟知するとともに，グローバルな市場のニーズから，その地域産業がどの分野において成長の可能性があるかを目利きする．そして，国境を越えた新たな企業間ネットワーク構築を促進する．

その際の地方自治体の課題としては，第一に，どのような地域と連携するか，その戦略を構築し，様々なプロジェクトを企画・運営し，専門知識や語学力，ネットワーク構築力のある人材を地方自治体内でどのようにして確保するかである．そして第二に，クラスターの国際的な外部連携の取り組みは数年ですぐに目立った成果が得られるような事業ではなく，世界的な景気変動にも大きく影響を受けるものであるから施策効果の判断が難しい．指標に基づく短期的な成果が求められる今日の行政経営において，

法律により義務づけられた事務事業でない地域産業政策は，地方自治体の首長の判断によって実施あるいは継続の決定が大きく左右されることが多い．このようななか，地方自治体としてクラスターの国際的な外部連携への投資をどのようにして継続的に実施できるかが課題である．

## V　アジアにおけるクラスター連携の展望

　知識経済において，それぞれのクラスター間の情報共有と対話を通じて特化を進め競争力を高めるという，スマートスペシャリゼーションを考えたとき，ある程度同等レベルの経済発展段階に達した先進地域間でないと，その理念は実施できない．少なくとも相互に貿易を行い，相互投資が行えるレベルが望ましいと考えられる．欧州のように国と国との間での人・モノ・カネ，情報の行き交いが容易になった経済で，かつ経済発展を達成した高付加価値の知識経済となっている場合において，クラスター相互の情報共有と対話を通じて特化していくテーマや活動が絞り込まれていくと想定される．この点で，各国による経済水準がヨーロッパ以上に異なる国・地域が存在するアジア地域で，どのような国際分業が可能だろうか．

　これまでアジアの経済発展は赤松（1956）の雁行型発展として説明されてきた．ある産業分野において，新製品を先進国である日本が生み出し，普及品を台湾・韓国が，そしてさらにより賃金の安いASEANで生産するような国際分業の説明である．

　これは，1960年代から90年代くらいまでのアジアにおける国際分業構造を動態的に説明する理論であったといえるが，新興国の発展，産業構造の変化とともに，必ずしも現在のアジアの国際分業を説明するものではない．その前提条件である産業がより知識経済化しており，知識開発やイノベーションが高い付加価値を有する経済となっている．

V アジアにおけるクラスター連携の展望　119

　ある一つの産業分野のなかでも，様々な個別の問題解決を行う商品や
サービスとそれに関わる知識・技術が存在する．それは例えば，環境分野
における太陽電池，蓄電池，風力発電，地域冷暖房，ライフサイエンス分
野における再生医療，農産物の新種開発，花卉の開発などである．様々な
産業分野のなかでも個別テーマにおいてそれぞれ得意とするクラスターが
個別に連携し，技術やアイディアに関する情報交換を行い，新たな製品や
サービスの開発に通じるイノベーションを創出することが，スマートスペ
シャリゼーションのもとでのクラスター連携の理念である．

　地域間の競争において，その競争優位や強みはクラスター間で相対的な
ものである．グローバルな競争において市場により勝敗が決定される国際
分業体制に対して，スマートスペシャリゼーションでは，地域間の対話と連
携を通じた情報交換により特化する部分を擦り合わせすることになる[83]．

　地方自治体によるこのようなイノベーションに基づく国際的なクラス
ター連携をアジアの地域で想定するならば，やはり一定程度の技術開発力
を有する地域間となるだろう．想定されるのは，例えば日本の水技術を有
する中小企業が，シンガポールの資本力と販売ネットワークを有する水企
業と中国など第三国でビジネスを行うような連携である．このような連携
の促進を地方自治体が行うことが，地域の競争力を高めるうえで必要とな
る．

　その際の一つの示唆となるのは，地方自治体による海外生産拠点の確保
に関する東京都大田区の事例である．大田区はタイに大田区企業向け集合
工場を設置することで，地域企業の生産面のコストダウンにつなげるとと
もに，顧客開拓の可能性が生まれるなど，生産の合理化と市場拡大をめざ
している[84]．2006年に大田区はタイの工業団地開発運営企業と協力して，
タイの首都バンコクから高速道路で1時間ほど郊外にある工業団地の一部
に，敷地面積約7800 m²の大田区企業向け集合工場「オオタ・テクノ・パー
ク（OTA TECHNO PARK）」を設立した．

　そこでは大田区の町工場の進出を期待して，言葉の問題や税務問題など

町工場には対応が難しい問題を支援する常勤スタッフを確保し，日本国内では労賃がかかりすぎる極小部品の全数検査などの作業を低コストで行えるようにしている．これにより，大田区の企業は競争力を高めるとともに，タイにおいても雇用が生まれ，大田区の中小企業がもつ高い技術力を導入できるメリットがもたらされている．

　大田区のタイにおける工業団地が設立されたのは，2004年にタイ最大のアマタ工業団地を経営するタイ企業幹部が，展示・商談会でタイに行った大田区産業振興協会の担当者と面会したことを契機とする．町工場が大企業を支える重要な役割を担っていることや，タイ人の技術力を高めたいならこうした町工場にこそ学ぶべきところがあるという議論から，タイに大田区の町工場を誘致する話が決定された．なお，大田区産業振興協会の担当者は，部品メーカーである町工場の場合，海外進出による人件費削減の効果よりも，顧客である組み立てメーカーの近くで仕事をすることが海外進出の目的となっていると述べている[85]．

　大田区産業振興協会は，高度な技術の集積がある大田区の産業をより発展させるため，構造的変化に柔軟に対応できる支援機関として大田区役所により設立された公益法人であり，新しいニーズに即応した生産や取引のあり方を求める企業に対し，情報サービスや交流の場を提供するなどの支援を行っている．そのほかにも，大田区産業振興協会はビジネスの国際化支援として，海外展開を進める区内の企業に対し，貿易実務のアドバイスや海外進出のノウハウ等を専門相談員とスタッフが情報提供している．また，海外見本市の出展支援として1994年から世界13都市の国際見本市に大田区企業と共同出展し，技術PRやマーケティング等による海外顧客の開拓に注力しており，初めての企業でも安心して国際見本市に出展できるように，展示ブースの運営，展示品の輸出入や通訳手配などのサポートを行っている[86]．

　このように，アジアにおいてクラスター間で技術レベルに違いがある場合においても，地方自治体の国際的な地域産業政策は可能であるが，先進

国間とは異なるアプローチになる．産業別のより細かいテーマに特化する
というスマートスペシャリゼーションの考え方は，どちらかといえば技術
先進地域の国際的なクラスター間の分業を示唆するものであり，国によっ
て経済の発展段階が異なるアジアにおける国際分業体制にそのままあては
まるものではない．

　地方自治体による国際的な地域産業政策は，国際的なクラスターの外部
連携を促進するものであるが，連携先のクラスターの経済発展レベルが低
賃金や原材料など要素範囲に強みを有する段階なのか，あるいは技術開発
などイノベーションを生み出す段階なのか，その進展度合いにより分業の
内容は異なる．クラスターの国際連携で重要なことは，クラスター間でそ
れぞれの強みを補完できることにある．先進国のクラスター間ではイノ
ベーションを起こす知識の多様性をもたらす形での補完関係になるが，先
進国と開発途上国間の補完は，大田区の事例で確認したように，生産要素
の強み，すなわち組立工の低い賃金，安価な地代などに基づく形での連携
になると想定される．

**注釈**

66) このほか，高澤（2012）は，EUが域内各国の格差是正をめざし展開している都市ネッ
　トワーク形成を促すプログラムを分析し，その支援する都市ネットワークが公募によ
　り選定されていること，その都市ネットワークの主たる活動はセミナーの開催を通じ
　た情報交換などであり，相互の地域の状況を知り，理解するプラットフォームとして
　の都市ネットワークを形成することで，都市間の知識・経験の格差是正を促し，経済
　的な格差の縮小やEU地域としての結束の強化を図り，相互に補完し合う多様な水平
　の都市ネットワークのなかで持続可能性を高めようとしていると指摘した（高澤，
　2012，p. 1396）．
67) 出石（2012）は，企業間競争が企業と企業の間の比較優位を争うものであるように，
　都市間競争も都市と都市との間で比較優位を争うものである．それぞれの地域が地域
　経済戦略あるいはイノベーション戦略を策定する際，競争相手となる地域や模範とな
　る地域との比較が重要であり，他の地域と比較して進んでいる，あるいは遅れている
　分野や地域間の差異の原因等を明らかにする作業が，戦略や政策が適切であるかを判
　断するうえで有効な場合が多いと指摘している（出石，2012，pp. 275-281）．
68) 引用文献におけるスマートスペシャリゼーションと，その取り組みとしてのスマー
　トスペシャリゼーション戦略（Smart Specialisation Strategy）について，本書では区

122 第6章 今後のクラスター連携の方向性

分せずスマートスペシャリゼーションとして表記する.

69) Foray et al (2011) は，これまでの地域産業政策について，多くの地域が同じような技術のミックスを選択していると指摘している．例えば，少しのICTと少しのナノテクノロジー，少しのバイオテクノロジーなどであり，これらは想像力，創造性，そして戦略的ビジョンに欠けているとしている．成功するスマートスペシャリゼーションとは，『サイエンス』や『ネイチャー』といった雑誌の最新号の目次を読んで見つかるのではなく，経済の仕組みを観察し，この対象となる地域で事業を営んでいる企業や組織で行われている発見のプロセスを支援することである．その点で，スマートスペシャリゼーションは，研究開発やイノベーションの資源と活動と，その地域の経済構造との間の失われた，あるいは弱い関係性を取り扱う過程であると述べている (Foray et al, 2011, pp.3-5). 同様な考えはCrespo et al (2013) でも示されている.

70) Foray and Goenaga (2013) によれば，スマートスペシャリゼーションは「R＆Dとイノベーションの観点から，国や地域が今後何をすべきか明らかにする自己発見あるいは起業家的発見のプロセス」である．また，OECD (2013) によれば，スマートスペシャリゼーションと，これまでの産業政策あるいはイノベーション政策を区別するのは「起業家的発見」である．ここでいう起業家的発見とは，「民間企業が新しい活動に関する情報を発見し生み出すことと，政府が成果を評価し，民間企業が潜在力を実現する能力を最大限に活用できるよう力づけること」である (OECD, 2013, p.11). 起業家的発見の過程を通じて，国や地域が科学技術のどの分野で最も優れているかを明らかにする．地域が優位性をもつ可能性のある研究やイノベーションのドメインを発見する学習プロセスを提案する．起業家が未来に特化すべき将来性のある分野を発見する指導的な役割を果たす (Foray et al, 2009, p.2). なお，Foray and Goenaga (2013) によれば，起業家とは広義の意味であり，企業，高等教育機関，独立した投資家やイノベーターを含める．彼らは地域固有の能力と生産的な資産を活用してR＆Dやイノベーションを起こすドメインを発見する最良の立場にある．また，彼らは市場拡大の可能性や潜在的な競争相手，新たな活動を開始するのに必要とされる投入資源やサービスについての総合的な知識である「起業家的知識」を有しているとされる．さらに，Foray and Goenaga (2013) は，「起業家的発見」として「イノベーション」でなく「発見」という言葉を使うのは，それが個々の企業による単純なイノベーションではないためである．R＆Dとイノベーションの観点から，ある分野またはいくつかの分野間で何がなされるべきかについて，探索し，実験し，学習することを目的とする活動を行うものである．それは，「単なるイノベーションの出現ではなく，ある変化の方向性において将来の経済的価値についての一般的な知識を生み出す，特定の分野の想像的なアイディアの配置と多様性」であると論じている (Foray and Goenaga, 2013, pp.4-5). このように，スマートスペシャリゼーションとして政府が行う市場への政策の介入は，公的資源を投資するための分野や活動を選択するのではなく，発生し支援されるべきこの「発見」を促進することである (OECD, 2013, p.20). それゆえ，スマートスペシャリゼーションでは，トップダウンの政府計画により「勝者を選び出す」，あるいは産業別の分化を強制することはない．政策策定者と起業家のパートナーシップに基づく発見の過程であり，それぞれが相互に学習するものである (Mccann and Ortega-Argilés, 2013a, p.10).

71) Ketel (2013) によれば，スマートスペシャリゼーションの枠組みから強く提案されることは，政策形成者はすでに力のある分野に狭く集中していくのではなく，起業家的発見に焦点をあてた異なる分野での活動を始めることである．それは，第一に，ビジネス環境の資産がまだ取り尽くされていないところ．例えば，技術や市場のニーズの変化によってごく最近に価値が生まれつつあるところなどであり，第二に，これまで十分に発展していない，関係性のあるクラスターへ発展していくために，必要な能力を有する既存のクラスターであり，第三に，これまで十分に発展していない産業活動を成長させる機会をもたらすことができる既存のクラスターである．なお，これらの条件が市場での成功を保証するわけではなく，地域が提供することのできる関連の資産や能力があることから，他の市場よりも成功の可能性が高いという判断するものである (Ketel, 2013, p. 281).

72) バリューチェーン (価値連鎖) については，Porter (1986) を参照されたい.

73) 公共政策としての地域イノベーション政策と，そこで地域の制度が果たす役割については McCann and Ortega-Argilés (2013b) を参照されたい.

74) Foray and Goenaga (2013) は，スマートスペシャリゼーションのなかで特定される優先事項について，3年か4年もすれば新たな発見が地域システムの異なる場所でなされて，それに連なる新しい活動が支援される．また，4年か5年経てば，かつて新しかった活動はもはや新しくなく，それが失敗するであれ，成功して成熟を迎えるであれ，スマートスペシャリゼーションのなかで優先事項とはならないと述べている (Foray and Goenaga, 2013, p. 7).

75) 特化は動態的であるべきで，ある分野に固執していると最終的には競争力を失うこととなる．Cho and Hassink (2009) では，韓国の大邱とイタリアのミラノを比較し，前者が低成長のなかに埋め込まれてしまったこと (Locking-in Embeddedness) を分析している.

76) Foray et al (2009) によれば，スマートスペシャリゼーションの実施にあたって政府には次の三つの責任がある．第一に，起業家や他の組織 (高等教育，調査研究機関) が地域の考慮すべき (respective) 特化の発見を支援するインセンティブを提供すること．第二に，継続すべき一連の能力形成の取り組みがすぐに打ち切られないよう，あるいは，あまり活動的でない企業に投資されているなど，補助金が無駄に使われているものを継続しないように，効果の評価と審査を行うこと．なお，この施策効果の検討には，どのように一般目的技術を生み出していくことが，目的の経済範囲 (製造あるいはサービス) を再生産する可能性があるかと，そのドメインの大きさは十分大きいかを確認する必要がある．なお，この大きさとは，GDP ではなく経済における関連産業分野の大きさであり，応用技術の開発による知識のスピルオーバーから利益を得る可能性がある産業分野である．そして第三に，教育や研究といった新たな特化に関連する補足的な投資を行うことである (Foray et al, 2009, p. 4).

77) スマートスペシャリゼーションの政策は，空間中立アプローチ (space-neutral) あるいは空間無視アプローチ (spatially-blind) と，場所基盤アプローチ (place-based) の二つの観点から確認することもできる．Hildreth and Bailey (2013) によれば，**表補-1**のように場所基盤アプローチには二つの要点がある．第一に，地域の性質が重要であり，空間中立アプローチは政策の対象物を傷つける可能性がある．第二に，

124 第6章 今後のクラスター連携の方向性

**表補-1 「空間中立」と「場所基盤」政策アプローチの比較**

| | 空間中立（空間無視） | 場所基盤 |
|---|---|---|
| 目 的 | 開発発展に向けた集積，移民と特化の促進 | あらゆる地域における成長の可能性を把握し，全体としての都市システムに集中 |
| 都市システム | 同質性（都市の規模と関係あり） | 異質性（都市の規模に依存しない）産業集積は自然に発生するものではない |
| 地理・歴史的状況 | 標準的な発展経路をたどる地域・地方 | 複数の発展経路があり地域の地理的特性が大きな影響を有する（例：経済社会，文化，歴史，制度） |
| 制 度 | 普遍的な公共サービスの観点からの投資（例：教育，社会サービス） | 地域の性質に応じた適切な制度・統治機構の設計 |
| 解決方法 | 標準化（下記の優先順位）<br>空間中立の制度<br>距離を越えて繋がる社会基盤整備<br>わずかに空間を対象にした政策介入 | 場所の観点のもと，適切な公共財による介入と制度的フレームワークの設計 |
| 知 識 | 予測可能的 | 地域に埋め込まれていて不明確。地域における下からの参加プロセスを通じた意思統一と信頼の構築による協働，外部のアクターによる貢献を通じた多様なレベルの統治機構による解決に向けた明確化。 |

出所）Hildreth and Bailey（2013）p. 241, Figure 2 を筆者修正.

　知識が効果的な政策の開発に重要である．実際にそのような知識は国や企業，あるいは地域の関係者にとって既知のものであるとは限らない．政策は地域のグループ（内発的）と地域外のアクター（外発的）との間の相互作用を通じて，新しい知識やアイディアを刺激する目的をもたなければならない．スマートスペシャリゼーションは，特に地域政策の点で戦略的な多様性を確保することを強調する．地域のアクター（政府，企業，大学，研究機関）は協働して，スキルや技術，制度的ガバナンスに関する現在の地域の状況を認識し，これらの能力の上に政策を構築することが必要である（Hildreth and Bailey, 2013, pp. 241-242）．Barca et al（2012）によれば，場所基盤アプローチは，中規模あるいは経済成長の遅れた地域の，まだ利用されていない潜在能力を活用することであり，集合的な成長にとって有害というわけではなく，実際に地域と国のレベルの両方の成長を拡大させる（Barca et al, 2012, p. 149）．以上のような近年の欧州を中心とする地域開発政策に関する論点を整理したものとしてGarretsen et al（2013）を参照されたい．

78）Oxford research AS（2008）p. 28 を参考にした．

79）マドリッドエンプレンド経済開発庁戦略プラン p. 15 に基づく．
　http://madridemprende.com/sites/default/files/Strategic%20Plan%202008-2011.pdf

V　アジアにおけるクラスター連携の展望　　125

(2014年7月21日閲覧).

80) その組織として日本における経済団体連合会にあたるとともに，労働組合の代表でもある，デンマークにおける最大の経済団体である.

81) ICNは，環境技術分野での共同分析やベンチマーク調査を行うことで，同分野の現状に関する地域を超えた理解が可能となるとしている．例えば，複数のクラスター間におけるバリューチェーン分析やスマートグリッド分野の資産のマップ化に関する協力，ゴミ発電に関する共同セクター分析などである．ベンチャー企業や中小企業に対する支援としては，それぞれの地域における補助金等の制度の斡旋，ICNとの共同による付加価値を高める国際的な戦略パートナーシップの促進であり，技術のさらなる商品化に向けたクラスターのインキュベーター間による協力がある．また，それぞれのクラスターにおける教育レベルの向上や，学生による実践的なビジネス経験の機会を設ける．それは結果として，ICN参加のクラスター間での高い技術を有する労働力の移動拡大を狙う．例えば，それぞれの地域の研究機関の間での交流プログラムの設立やインターンシップの促進である.

http://www.cphcleantech.com/home/strategic-initiatives/internationalisation/international-cleantech-network (2014年7月21日閲覧).

82) 関連する具体的な事例として，愛知県・名古屋市・岐阜県などを構成員として2006年2月に設立された「グレーター・ナゴヤ・イニシアティブ協議会」は，圏域の産業経済をよりオープンなものとして，世界から優れた企業・技術やヒト・情報を呼び込むとともに，企業の海外展開支援を行うために，圏域の県，市，産業界，大学，研究機関が一体となり，国際経済交流を促進する活動「グレーター・ナゴヤ・イニシアティブ」を行っている.

83) Lorenzen and Mudambi (2013) によれば，世界的な消費者・サービス市場において競争するクラスターは，技術 (スキル) リーダーシップを高める必要がある．そのようなリーダーシップは，世界レベルの商品やサービスの生産，グローバルなマーケティング・流通・販売を通じた価値の創造と獲得によって表される．早くから存在するクラスターを基盤として活動する企業などのアクターにより設計され運営されているグローバルな価値連鎖のなかで，遅れて世界市場に入ってきた新興国のクラスターは通常，サプライヤーとして低い位置からその活動を始める．その戦略としては，生産過程の改良による，より高い価値連鎖への移動と最先端技術への接近としての「価値創造」と，グローバルな市場におけるより高い価値の達成に向けて出力を高める「価値獲得」がある (Lorenzen and Mudambi, 2013, p. 502).

84) 大田区産業振興協会パンフレット「大田区はこれができます．加工・製造先をお探しの皆様へ」p. 3に基づく.

85) 「大田区の町工場，タイに進出」『The Wall Street Journal 日本リアルタイム』(2010年8月23日) に基づく.

http://realtime.wsj.com/japan/2010/08/23/大田区の町工場、タイに進出/ (2014年9月7日閲覧).

86) 大田区産業振興協会パンフレット「総合事業案内WE ACTIVE THE INDUSTRY OF OTA-CITY.」p. 4に基づく.

第7章
---

# 地方自治体による
# 国際的な地域産業政策の展開

## I　各章のまとめ

　ここまで，本書では「地方自治体が地域外の様々な資源やアクターとどのように関係を構築し，地域におけるクラスターの持続可能な成長の糧としていくか」という問題意識のもと，「地方自治体が海外をはじめ地理的にその管轄する地域を越えて，地域経済の振興のための施策を実施する」ことについて，理論分析および事例研究を行ってきた．そして，検討にあたっては，(1) 地方自治体による国際的な地域産業政策について，その理論的な考察を深めること，(2) 地方自治体のこれまでの国際的な事務事業について国際的な地域産業政策という観点から分析すること，(3) 地方自治体の国際的な地域産業政策の実践にかかる組織形態や地域外との連携の手法について整理すること，という三つの研究課題を示して論じてきた．

　第1章では，本書の研究目的と問題意識，三つの研究課題を提示し，第2章では，地域産業政策とクラスターに関する研究蓄積を確認し，地域が競争力を有するためにはクラスターにおいてイノベーションを創発することが重要であり，多様な知識を地域に導入する必要があることを示し，グローバルパイプラインとゲートキーパーという，クラスターが外部との連携を行う際のネットワーク接続の機能について検討を行った．そして，地方自治体が地域におけるイノベーションを創出するために上記二つの役割

を果たすことを論じ，その際にはGovernment to Governmentのネットワーク構築が重要であることを指摘した．

第3章では，地方自治体の海外拠点と国際戦略を事例として，研究課題の第二である，地方自治体のこれまでの国際的な事務事業について，国際的な地域産業政策という観点から分析した．その結果，地方自治体は過去においては姉妹都市提携などの行政的・政治的な理由から海外拠点を立地させていたが，次第に地域企業の海外展開の支援といったビジネス上の利益を求めて製造業の立地に伴う形で海外拠点を立地展開させていること，海外拠点を立地する地方自治体の数は増加する傾向があり，地方自治体にとって海外とのネットワークを構築することがいっそう求められていること，海外拠点の立地先としては中国・上海など特定の国の特定の地域に集中する傾向があることが明らかになった．

そして，地方自治体の国際戦略の分析からは，今日の地方自治体が国際交流を都市の発展戦略として位置づけ，アジアを中心にG to Gのグローバルパイプラインを基盤として，場合によっては多都市間でネットワークを構築し，国際交流の枠を超えた実利につながる交流を進めていること，特定の産業分野についてそれぞれの強みのある地域と連携しようとしていることが示された．

次に，第4章と第5章にて，研究課題の第三であった，地方自治体の国際的な地域産業政策の実践における組織形態や連携の手法を検討した．第4章では，地方自治体の上下水道事業海外展開の事例を通じて，地方自治体による政府間のグローバルパイプラインを構築することにより，海外において日本の企業に強みのある関連需要の創造がなされており，地方自治体がそれぞれ地域独占的に実施している上下水道事業を，その管轄地域を越えて，海外にまで地理的範囲を拡大して地域の産業振興に取り組んでいることが明らかになった．また，大都市の事例を比較することによる分析を通じて，地方自治体による上下水道事業海外展開の実践においては，そのための様々な組織が設けられるが，一般的にはそれぞれの地域において

何らかの関連企業の囲い込みが行われていること，同じ海外展開の取り組みをしていても，地方自治体自ら利益を上げようとしているか，支援機関として日本企業の海外展開を促進する働きに重点を置いているか，あるいは，地方自治体本体でその取り組みを行っているのか，外郭団体や出資法人を活用することにより事業を行っているかなど多様性があることを明らかにした．

　第5章では，事例研究として地方自治体による国際見本市への出展を取り上げた．まず，理論面では，国際見本市が一時的なクラスターとして，その場への参加を通じて当事者間の知識やアイディアの移転が行われることを先行研究から確認した．そして，事例研究を通じて，地方自治体が国際見本市において，アクターとして公共の信頼性を活用して企業誘致に務め，企業とGovernment to Businessの関係を構築しようとしていること，一方で，ゲートキーパーとして，地域で有する企業や技術に関する情報をとりまとめ，国際見本市の一時的な地理的近接性の場所を活用して効果的な情報発信を進めていること，目的に応じて地方自治体直営の出展と関連団体による出展を使い分け，継続して同じ見本市に出展するなど，戦略的に国際見本市へ参加していることが明らかになった．

　第6章では，欧州の地域政策で用いられているスマートスペシャリゼーションについて関連文献を整理し，経済統合という社会実験のもと，いち早く国境の壁をなくし，地域が海外と直接向き合い，都市間競争を繰り広げる欧州都市の事例を参考に，アジアにおける日本の地方自治体によるクラスター連携の課題，アジアにおける国際分業の進展に関する政策的示唆について論じた．

## Ⅱ 地方自治体による国際的な地域産業政策の意義と展望

　本書では，地方自治体が海外をはじめ，地理的にその管轄する地域を越えて，地域経済の振興のための事業を実施することに政策的なイノベーションが認められ，今後，グローバル化が進展するなか，国際的な地域産業政策として地方自治体が果たす積極的な役割を論じてきた．

　それは，過去に地方自治体が行ってきた国際的な姉妹都市提携に基づく文化・行政交流とは異なる，クラスターを代表する地域と地域がそれぞれの強みを生かして相互にメリットのある交流を行うものであり，将来的には地域の様々なアクターが国境を越えて他の地域のアクターと関係性を構築することで，地域全体として競争力の向上を狙いとするものである．

　ここで，地方自治体による地域産業政策を，その施策を行う場所がクラスターの内部であるのか，それとも外部になるのかという地理的な側面と，クラスター連携事業の相手先が海外の政府関係機関か，それとも企業や研究機関等であるのかという二つの観点から整理する（**表7-1**）．

　地方自治体がその管轄する地域内で行う地域産業政策の取り組みは2通りに分類できる．第一に，地方自治体をパートナーとするものは，そのクラスターの経済発展をめざした複数の地方自治体および政府機関による事業連携や情報交換である．

　第二に，企業を対象とするものは，中小企業支援といった各種施策を通じて，その地域の企業や技術に関する情報を収集し，データベースとして組織内に蓄積する．そして，コーディネーターとして，地域の企業間の意見交換，あるいは知識交換の場を運営し，地域の企業が取引先や研究パートナーを探し，また，専門的な技術に関する意見交換を通じて，地域においてイノベーションを果たすようにする．

　そして，地方自治体がその属する地域外で行う地域産業政策の取り組み

Ⅱ　地方自治体による国際的な地域産業政策の意義と展望　　131

表7-1　クラスターの観点から見た連携相手先別の地方自治体産業政策の取り組み

| 相手先 | クラスター内 | クラスター外 |
|---|---|---|
| 地方自治体<br>G to G | ・地方自治体や政府機関との事業連携，情報共有 | ・地域の企業や研究機関の情報共有<br>・交流プロジェクトの企画運営 |
| 企業<br>G to B | ・各種支援制度の実施を通じた地域企業や技術情報の集約<br>・公設試験所による技術支援<br>・財務面の支援（設備投資助成，信用保証など）<br>・コーディネーターとして地域内の企業間ネットワークの促進 | ・海外の市場情報の収集<br>・地域情報のクラスター外への情報発信<br>・地域に必要な産業分野，技術を有する企業などの誘致<br>・企業の国際化支援（海外ビジネスミッションの組成，商談会の開催，国際見本市共同出展，海外工業団地斡旋など） |

出所）筆者作成.

は，政府間関係として海外の地方自治体などとグローバルパイプラインを構築し，双方の地域の情報交換を行うほか，ゲートキーパーとしてそれぞれの地域の企業や研究機関の取引先・パートナー探しを支援する．

　クラスター外で地方自治体が企業を対象とする取り組みとしては，地域に活力をもたらすような産業分野，技術を有する企業の誘致であり，自らの地域がビジネスを行うのに魅力的な地域であることを，国際見本市の場や海外でのプロモーションセミナーを通じて情報発信する．そして，地方自治体による国際的な地域産業政策の最終的な目標は，クラスター外のアクターとの情報交換を通じて新しい有用な知識を地域に導入して，イノベーションを創出し，その地域が強みのある産業を発展させ，他のクラスターと補完体制を組むことで効率的な資源動員を行い，地域の持続的な成長をめざすことである．

　地方自治体による国際的な外部連携の取り組みは，政策面での大きな価値観の転換や新たな手法の導入を含んでいる．上下水道事業も通常，地方自治体が地域独占的にサービス供給を実施しているもので，一部に国際貢献として開発途上国からの研修生の受け入れや専門家の現地への派遣が行

われていたものを，「地域の経済発展と国際貢献」を目的として地方自治体自ら積極的に海外へ事業展開するものであった．東京都大田区による地域企業への海外生産拠点の斡旋は，地域における産業空洞化をもたらすという懸念もあるが，地域企業の生産コスト削減と取引先の維持拡大に貢献するという政策効果をより重要視しており，これらは政策面でのイノベーションであるといえる．

　これまで，日本において地方自治体がこのようなゲートキーパーやグローバルパイプラインの役割をそれほど重視してこなかったのは，経済発展の著しい高度成長の時代では，道路を整備し上下水道を完備した工業団地を造成すれば，特段その地域と取引のない企業でも拠点立地の投資を行い，雇用が生まれ税収も期待できたことによる．地方自治体としては，自らゲートキーパーとなって新たな企業間取引の創造を推進するよりも，国からの補助金などを確保して産業インフラを整備することが，より即効性があり確実性の高い産業政策であった．

　しかし，バブル崩壊後の低成長の経済環境のもとで大企業がグローバルな生産拠点の再編を行い，国内拠点は縮小あるいは廃止される方向にある．地域住民や企業が海外との関わりを拡大するなか，その地域を代表する地方自治体は国家間の政治的な立場とは別に，経済や観光などのより実務やビジネスに即した分野において国際交流を進めるとともに，地域の活性化に寄与する活動を行うことが求められる．

　地方自治体主導による地域企業の国際見本市出展などを通じて，参加企業はグローバルな買い手のニーズを発見し，世界の競争相手を観察することで自社が今後どのような経営を行えばよいか学習を深めることができる．地方自治体がゲートキーパーとなって次のパイプラインとなる国際的新興企業などを育成することで，その地域を，それぞれのアクターが直接外部のアクターとつながる分権化されたネットワーク構造へと転換し，資源や知識のスピルオーバーによる地域からのイノベーションを創出し，地域の競争力を高めることとなる．

今後，イノベーション創出をめざす国際的な地域間連携はいっそう増加すると思われる．その際に，持続ある成長をめざす都市・地域の競争優位は，個別地域に応じたグローバルなパートナーを探し，地域固有の資源に関連した分野や，地域政策として環境や福祉の分野でクラスター連携を図ることからもたらされるだろう．ローカルなところから海外を見据えた地域産業政策が必要である．

その際の地方自治体の課題としては，第6章でも述べたとおり，第一に，どのような地域と連携するか，その戦略を構築し，様々なプロジェクトを企画・運営し，専門知識や語学力，ネットワーク構築力のある人材を地方自治体内でどのようにして確保するか，第二に，指標に基づく短期的な成果が求められる今日の行政運営において，地方自治体としてクラスターの国際的な外部連携への投資をどのようにして継続的に実施するかである．

そして，地方自治体と中央政府の関係としては，日本のこれまでのクラスター政策において，クラスターを構成するアクターとしての地方自治体と中央政府の縦の調整は存在したものの，それぞれのクラスター間の横の調整はほとんどされていなかったのではないか．それが，全国各地で同じようなテーマを取り上げたクラスター計画の提案になっていると考える．

スマートスペシャリゼーションの考えのもと，それぞれのクラスターが情報共有と対話を重ねていくことで，それぞれの地域が有する相対的な強みに気づき，それに特化するような調整が行われる．結果として，資源の有効配分が行われ，それぞれの地域が個性のある産業育成を図ることになる．このとき中央政府の施策としては，**図7-1**のようにクラスター間の対話を促進させるような仕組みを作ることが求められる．そして地方自治体としては，クラスター間の対話の中心となって他のクラスターの地方自治体など，それぞれのカウンターパートと調整を繰り返すことが期待される．

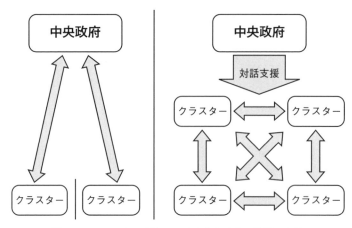

図7-1　クラスター政策における中央政府の役割の変化
出所）筆者作成.

## III　地方自治体の国際的な地域産業政策研究のまとめと課題

　本書がこれまでの地域産業政策研究やクラスター研究に貢献できると考えるのは次の点である．

　理論面では，第一に，地域が地域経済の振興を目的としてクラスター外部と連携する際に，地方自治体がゲートキーパーやパイプラインの役割を果たすことを示したことである．先行研究は，国から地方自治体に地域産業政策の主体が変わりつつ，地方自治体が地域の多様な主体を結びつけるコーディネーターの役割を果たすことが重要になっていると論じている．そこで，クラスターにおけるイノベーション創出に関する理論を参照しながら，地域における産業政策としてほとんど分析されてこなかった地方自治体によるクラスターの国際的外部連携について考察を深めた．

　地域の利益を代表する地方自治体こそが，地域経済の発展のためのクラスター連携を行う動機を有しており，クラスターにおけるリーダーあるい

Ⅲ　地方自治体の国際的な地域産業政策研究のまとめと課題　　135

は錨となる企業等がない場合に，そのクラスターを代表し他のクラスターと連結するゲートキーパーの役割を，地方自治体が地域経済振興のための政策として代替することを指摘した．そして，地方自治体のクラスター連携を通じた取り組みは，最終的には地域の個々のアクターが直接海外につながり，多様な利益を生み出すことであると論じた．

　第二に，地方自治体が国際的なクラスター連携を行う相手先により，Government to GovernmentとGovernment to Businessの二つに類型化して分析するフレームワークを提示したことであり，さらにGovernment to Governmentという地方自治体間の国境を越えたネットワークが，地域間の情報の非対称性を解消し，民間企業による情報探索の取引コストを削減する公共財として重要であることを指摘した．

　このように地域産業政策を，海外という地方自治体の所管する地域から地理的に離れた所との関係性の構築という観点から研究したものは，これまでなかった．**表7-1**のクラスター内外と連携相手とで四つに区分された部分のうち，左下の地方自治体がクラスター内において地域企業を対象に実施する産業政策については多くの研究がなされてきたが，本書では，表の右側についての考察を深めたことに意義がある．グローバルな競争環境における地域産業政策を検討するにあたり，その事業の実施場所についてクラスターの内外で分別して検討することが重要であると本書では述べるものであり，それにより，地方自治体によるクラスターの連携の取り組みが際立って浮かび上がり，その必要性や理論的根拠について検討がしやすくなる．

　地域産業政策研究は，基本的に国内における視点においてのみ論じられてきたが，グローバル化が進展している今日の社会経済のなかで，地域は世界経済の影響をより直接的に受けるようになっている．地域が持続的な経済成長を追求するにあたっては，海外や地理的に遠く離れたところとの関係性に配慮する必要が高まっている．その点で，これまでの研究においてほとんど検討がされていないクラスター連携の分析視角を提示したこと

で，地方自治体による地域産業政策の研究に貢献することができたと考えている．

次に，実証面においては，第一に，事例研究全体を通じて，法律によって管轄地域が明確に定められている地方自治体が，地域経済の振興を目的として海外など遠く離れた場所まで施策実施の地理的範囲を拡大し，海外の企業や政府関係機関を相手先として様々なプロジェクトを実施していることを示した．そして，グローバルな競争環境下において，地域内のアクターが海外と連結することを目的として，地方自治体がパイプラインやゲートキーパーの役割を果たしていることを明らかにした．

第二に，地方自治体と海外との関係について，日本の地方自治体が姉妹都市など主として政治・行政的な目的で海外との交流を当初は行っていたのが，ビジネス上の相互利益を目的とする国際連携を重視するようになっていることを明らかにした．

第三に，日本の地方自治体の海外拠点が，日系製造業の海外展開と合わせる形で立地してきたことを明らかにするとともに，このような海外拠点にはG to Gのグローバルパイプラインを構築する役割が存在し，国境をまたいで経済交流を行う際のビジネスマッチングや研究機関の提携先の紹介などゲートキーパーとしての役割も求められることを指摘した．

第四に，地方自治体がクラスターの国際的な外部連携に地方政府間関係を活用しており，国際交流を都市の発展戦略として位置づけて，アジアを中心にG to Gのグローバルパイプラインを基盤として，場合によっては多都市間でネットワークを構築し，友好交流の枠を超えた実利につながる交流を進めていること，特に環境，バイオ，新エネルギーといった特定の産業分野について，それぞれの強みのある地域と連携しようとしていることを明らかにした．

第五に，日本の地方自治体が国際見本市への出展において，目的が企業誘致の場合は地方自治体直営で行い，販路開拓の場合は地方自治体の関連団体を通じて実施しているように，クラスターの国際的な外部連携施策を

III 地方自治体の国際的な地域産業政策研究のまとめと課題 137

実施するにあたり，その目的に応じて地方自治体直営の取り組みと外郭団体を活用した取り組みを使い分けていることを明らかにした．

これまで，地方自治体の海外との関係性をクラスター連携の観点から地理的また歴史的に分析し，その実践の方法や組織形態について検討した研究はなかった．以上の点で，本書の検討は，地域産業政策研究やクラスター研究の観点でも新たな貢献と考える．

最後に，今後の研究上の課題について3点指摘する．第一に，地方自治体という枠組みそのものの検討である．本書において一貫したテーマは，グローバルな競争環境において，地域の競争力は地方自治体による国際的な地域産業政策に負うところが大きいというものである．その際に論点となるのは，日本の地方自治体と海外の地方自治体を考えた場合に，日本のような人口稠密に居住している国が少ないことである．

世界には，日本の大都市圏くらいの人口で一国を形成している国がある．例えば，欧州において優れた経済パフォーマンスを発揮しているデンマークの人口は約560万人であり，アジアにおいて非常に高い1人当たりのGDPを有するシンガポールも500万人程度である．これらの国が行う産業政策の取り組みも，日本の地方自治体が行う政策と比較し検討していく必要がある．

シンガポールを，日本の都道府県に置き換えると9番目の人口規模になる．北海道より人口の少ないこの国への対内直接投資は約115億シンガポールドル（9200億円：1シンガポールドル80円で換算）であり，このうち外国資本による投資は約99億シンガポールドルで投資総額の86%を占め，国外から多くの投資を呼び込んでいることがわかる[87]．

このシンガポールのような都市国家と日本の地方自治体では，用いることのできる政策手段や政策資源も異なる．第1章で論じたとおり，例えば中央政府であれば貿易政策，通貨供給量の調整といった金融政策などが可能であるが，地方自治体にはそのような権限がない．それでもグローバル競争環境における地域産業政策のあり方として，このような都市政府の施

策も，今後の国際的な地域産業政策の比較対象として研究を進めたい．

研究課題の第二として，第6章でも指摘したように，今後いくつかの地方自治体が連携してクラスターの国際的な外部連携を支援することが想定される．そこで，事業を行う際にどのように意思決定するか，成果をどのように評価するのか，成果を多く受ける地域とそうでない地域とで，その事業にかかるコストをどのように分担するのか等の，ガバナンスに関連する様々な問題を検討することが必要である．

学術的な研究を行ううえで，統計資料や事業の情報が整っている行政単位が調査しやすいが，クラスターの観点から何らかの地理的範囲で分析することが，その外部連携の考察の点では望ましいことである．今後，クラスターを核とする地域連携が進展すれば，関連するデータも整備されると想定され，それらの資料や事例を分析することにより，さらに精緻な理論の構築と実証を進めることができると考える．

研究課題の第三は，地域間のクラスター連携を実施するプラットフォーム組織の分析である．地方自治体が国際的なクラスター間ネットワークを構築して，効果的な地域間連携を図ることができるかどうかは，地域経済をどのように持続的に発展させたいかという，個々の地方自治体が有する方針あるいは戦略のなかで，実務レベルにおいてそれぞれの地方自治体が中心になって設置する組織の能力によるところが大きい[88]．

このような組織は，政府間関係の形で地域と地域の間の信頼性を高め，ビジネス，アイディア，知識や技術の流通をいっそう円滑にする社会関係資本である．この組織に人員や予算といった政策資源を動員することで地域間のネットワークは充実し，グローバルな経済活動のなかで，その地域に流出入する人や知識・技術のフローが増加し，地域の競争力の確保につながると考えるため，今後も事例調査などを通じてその理論化を図りたい．

**注釈**
87）ジェトロ世界貿易投資報告シンガポール2016年版p.5に基づく．

Ⅲ　地方自治体の国際的な地域産業政策研究のまとめと課題　139

88) 第2章で述べたとおり，クラスター間のネットワークを構築することで，新しい知識
やアイディアがその地域に流入する機会ができるが，さらに，それらの知識を地域経
済の発展に効果的に生かせるかどうかについて議論がある．Meyer et al (2011) は，グ
ローバリゼーションのなか，多国籍企業が世界レベルでそれぞれの拠点が有する異質
性と同質性を効果的に活用するとともに，ローカルなレベルにおいて世界ネットワーク
の中にいることと，個別の地域に埋め込まれていることをバランスする必要があると
指摘する．Ter Wal and Boschma (2011) は，他の地域の知識や技術を吸収する能力
(absorptive capacity) を，地域として保有しているかどうかが重要であると論じ，Graf
(2011) は，クラスターのゲートキーパーとなるアクターの知識や技術を吸収する能力
が，その大きさより重要であり，私企業よりも公的研究機関のほうがゲートキーパーと
してより大きな役割を果たすとしている．なお，absorptive capacity の概念については，
Cohen and Levinthal (1990) を参照されたい．

# 参 考 文 献

愛知県 (2013)『あいち国際戦略プラン——アジアの活力を取り込み世界と闘えるあいちを目指して』.

安東誠一 (1986)『地方の経済学』日本経済新聞社.

石倉洋子・藤田昌久・前田昇・金井一頼・山崎朗 (2003)『日本の産業クラスター戦略——地域における競争・優位の確立』有斐閣.

出石宏彦 (2012)「知的経済時代の地域経済開発戦略」植田浩史・北村慎也・本多哲夫編『地域産業政策——自治体と実態調査』創風社, pp. 275-290.

伊東維年・柳井雅也 (2012)『産業集積の変貌と地域政策』ミネルヴァ書房.

伊藤正昭 (2011)『新地域産業論』学文社.

植田浩史・立見淳哉編 (2009)『地域産業政策と自治体——大学院発「現場」からの提言』創風社.

氏岡庸士 (2004)『水道ビジネスの新世紀——世界の水道事業民営化のながれ』水道産業新聞社.

岡部明子 (2003)『サステイナブルシティ——EUの地域・環境戦略』学芸出版社.

加藤恵正 (2012)「グローバル都市政策によるアジア連携の可能性」『季刊 都市政策』第150号, 神戸都市問題研究所, pp. 4-10.

鎌倉健 (2002)『産業集積の地域経済論——中小企業ネットワークと都市再生』勁草書房.

清成忠男 (1986)『地域産業政策』東京大学出版会.

清成忠男 (2010)『地域創生への挑戦』有斐閣.

経済産業省 (2008)『我が国水ビジネス・水関連技術の国際展開に向けて——「水資源政策研究会」取りまとめ』.

厚生労働省 (2008)『水道分野の国際貢献と産業界の海外展開調査報告書』.

齊藤博康 (2003)『水道事業の民営化・公民連携——その歴史と21世紀の潮流』日本水道新聞社.

142 参考文献

佐藤彰彦 (2003)「日本繊維メーカーのアジア地域における立地行動分析」『経営研究』第53巻第4号，pp. 203-223.

佐藤彰彦 (2004)「総合商社繊維事業部門のアジア地域における立地行動分析」『経営研究』第55巻第1号，pp. 193-210.

佐藤智子 (2011)『自治体の姉妹都市交流』明石書店.

自治体国際化協会「自治体の海外拠点一覧 (2011年8月)」.

首相官邸 (2009)『新成長戦略 (基本方針)』.

鈴木洋太郎 (1999)『産業立地のグローバル化』大明堂.

鈴木洋太郎 (2005)「東アジア諸都市の競争優位構造」田坂敏雄編『東アジア都市論の構想』御茶の水書房，pp. 183-207.

鈴木洋太郎 (2009)『産業立地論』原書房.

鈴木洋太郎 (2011)「日系銀行業の中国への立地展開についての一考察」『経営研究』第62巻第3号，pp. 17-37.

鈴木洋太郎・桜井靖久・佐藤彰彦 (2005)『多国籍企業の立地論』原書房.

関満博 (1993)『フルセット型産業構造を超えて――東アジア新時代のなかの日本産業』中央公論社.

総務省 (2010)『地方自治体水道事業の海外展開検討チーム中間とりまとめ』.

高澤由美 (2012)「欧州における"プログラム型"都市ネットワークの特徴――URBACT IIプログラムを事例として」日本建築学会計画系論文集第77巻第676号，pp. 1391-1396.

田坂敏雄編 (2005)『東アジア都市論の構想』御茶の水書房.

中小企業庁 (2010)『中小企業白書 (2010年版)』.

東京都水道局 (2010)『東京水道サービス株式会社を活用した国際貢献の新たな取組 (実施方針)』.

東洋経済新報社 (2012)『海外進出企業総覧2012 (国別編)』.

富田和暁 (1996)『地域と産業――経済地理学の基礎』大明堂.

似田貝香門・矢澤澄子・吉原直樹 (2006)『越境する都市とガバナンス』法政大学出版局.

日本交通公社 (2011)『サービス産業活動環境整備調査事業 (展示会産業活性化のため

の標準の確立及びビジョン策定等に関する調査事業) 報告書』.

日本貿易振興機構 (2013)『見本市・展示会データベース　世界の見本市・展示会 PV EXPO 2014 ――第7回 [国際] 太陽電池展』.

野長瀬裕二 (2011)『地域産業の活性化戦略――グローバル競争下におけるイノベーター集積の経済性を求めて』学文社.

野間重光 (2000)『グローバル時代の地域戦略』ミネルヴァ書房.

朴倧玄 (2001)『東アジアの企業・都市ネットワーク――韓日間の国際的都市システムの視点』古今書院.

長谷川秀雄 (1998)『地域産業政策』日本経済評論社.

服部聡之 (2010)『水ビジネスの現状と展望――水メジャーの戦略・日本としての課題』丸善.

藤田昌久監修, 山下彰一・亀山嘉大編 (2009)『産業クラスターと地域経営戦略』多賀出版.

二神恭一・日置弘一郎編 (2008)『クラスター組織の経営学』中央経済社.

本多哲夫 (2012)「第10章　産業政策・中小企業政策」植田浩史・北村慎也・本多哲夫編『地域産業政策――自治体と実態調査』創風社, pp. 219-232.

本多哲夫 (2013)『大都市自治体と中小企業政策――大阪市にみる政策の実態と構造』同友館.

松原宏編 (2013)『日本のクラスター政策と地域イノベーション』東京大学出版会.

宮町良弘 (1998)「アジアにおける国際的都市システムの形成」松原宏編『アジアの都市システム』九州大学出版会, pp. 17-62.

諸富徹 (2003)『環境』岩波書店.

諸富徹 (2004)「地域経済発展とEU構造基金」『経済論叢別冊　調査と研究』第28号, pp. 1-24.

諸富徹 (2010)『地域再生の新戦略』中央公論新社.

矢田俊文 (1996)『国土政策と地域政策―― 21世紀の国土政策を模索する』大明堂.

山﨑朗編 (2002)『クラスター戦略』有斐閣.

Adler, P. S. and Kwon, S. (2002). "Social Capital: Prospects for a New Concept," *The Academy of Management Review*, 27 (1), pp. 17-40.

Amin, A. and Thrift, N. (1992). "Neo-Marshallian Nodes in Global Networks," *International Journal of Urban and Regional Research*, 16, pp. 571-587.

Barca, F., McCann, P. and Rodríguez-Pose, A. (2012). "The Case for Regional Development Intervention: Place-Based vesus Place-Neutral Approaches," *Journal of Regional Science*, 52 (1), pp. 134-152.

Bathelt, H., Malmberg, A. and Maskell, P. (2004). "Clusters and Knowledge:Local Buzz, Global Pipelines and the Process of Knowledge Creation," *Progress in Human Geography*, 28, pp. 31-56.

Bathelt, H. and Schuldt, N. (2008). "Between Luminaires and Meat Grinders: International Trade Fairs as Temporary Clusters," *Regional Studies*, 42 (6), pp. 856-864.

Batten, D. F. (1995). "Network Cities:Creative Urban Agglomerations for the 21st Century," *Urban Studies*, 32 (2), pp. 313-327.

Beaverstock, J. V., Doel, M. A., Hubbard, P.J. and Taylor, P.J. (2002). "Attending to the World: Competition, Cooperation and Connectivity in the World City Network," *Global Networks*, 2, pp. 111-132.

Boschma, R. and Iammarino, S. (2009). "Related Variety, Trade Linkages, and Regional Growth in Italy," *Economic Geography*, 85 (3), pp. 289-311.

Burt, R. S. (1992). *Structural Holes:The Social Structure of Competition*, Harvard University Press.

Camagni, R. P. and Salone, C. (1993). "Network Urban Stractures in Northern Itary: Elements for a Theoretical Framework," *Urban Studies*, 30 (6), pp. 1053-1064.

Camagni, R. and Capello, R. (2013). "Regional Innovation Patterns and the EU Regional Policy Reform:Toward Smart Innovation Policies," *Growth and Change*, 44, pp. 355-389.

Cho, M and Hassink, R. (2009). "Limits to Locking-out through Restructuring:The Textile Industry in Daegu, South Korea," *Regional Studies*, 43 (9), pp. 1183-1198.

City Council of Madrid (2008). *Strategic Plan Madrid Emprende Economic Development Agency.*

Coase, R. H. (1988). *The Firm, the Market and the Law,* The University of Chicago Press. (宮沢健一・後藤晃・藤垣芳文訳『企業・市場・法』東洋経済新報社, 1992年)

Coe, N. M., Hess, M., Yeung, H. W., Dicken, P. and Henderson, J. (2004). "'Globalizing' Regional Development: A Global Production Networks Perspective," *Transactions of the Institute of British Geographers,* 29 (4), pp. 468-484.

Coe, N. M., Dicken, P., Hess, M. and Yeung, H. W. (2010). "Making Connections: Global Production Networks and World City Networks," *Global Networks,* 10 (1), pp. 138-149.

Cohen, W. M. and Levinthal, D, A. (1990). "Absorptive Capacity: A New Perspective on Learning and Innovation," *Administrative Science Quarterly,* 35 (1), pp. 128-152.

Crespo, J., Suire, R. and Vicente, J. (2013). "Lock-In or Lock-Out?: How Structural Properties of Knowledge Networks Affect Regional Resilience," *Journal of Economic Geography,* Online.

D'Aveni, R., Ilinitch, A. Y. and Lewin, A. Y. (1996). "New Organization Forms and Strategies for Managing in Hypercompetitive Environments," *Organization Science,* 7 (3), pp. 211-220.

Dicken, P. (1998). *Global Shift-Transforming the World Economy-Third Edition,* The Guiford Press. (宮町良宏監訳, 今尾雅博ほか訳『グローバル・シフト──変容する世界経済地図』(上) (下) 古今書院, 2001年)

Dyer, W. J. and Kale, P. (2007). "Relational Capabilities: Drivers and Implications," in C.E.Helfat et al eds. *Dynamic Capabilities: Understanding Strategic Change in Organizations,* Blackwell, pp. 65-79.

Eisingerich, A. B., Bell, S. J. and Tracey, P. (2010). "How can Clusters Sustain Performance? The Role of Network Strength, Network Openness, and Environmental Uncertainty," *Research Policy,* 39 (2), pp. 239-253.

Foray, D., David, P. A. and Hall, B. H. (2009). "Smart Specialisation: The Concept,"

*Knowledge Economists Policy Brief*, 9, European Commission.

Foray, D., David, P. A. and Hall, B. H. (2011). "Smart Specialisation from Academic Idea to Political Instrument, the Surprising Career of a Concept and the Difficulties Involved in Its Implementation," *MTEI Working Paper*, Ecole Polytechnique Federale de Lausanne.

Foray, D. and Goenaga, X. (2013). *The Goals of Smart Specialization*, Publication Office of the European Union.

Friedmann, J. (1986). "The World City Hypothesis," *Development and Change*, 17, pp. 69-83.

Friedman. T. L. (2005). *The World Is Flat: A Brief History of the Twenty-First Century*, Picador. (伏見威蕃訳『フラット化する世界』日本経済新聞社, 2006年).

Garretsen, H., McCann, P., Martin, R. and Tyler, P. (2013). "The Future of Regional Policy," *Cambridge Journal of Regions, Economy and Society*, 6 (2), pp. 179-186.

Gertler, M. S. (2003). "Tacit Knowledge and the Economic Geography of Context, or the Undefinable Tacitness of Being (there)," *Journal of Economic Geography*, 3 (1), pp. 75-99.

Graf, H. (2011). "Gatekeepers in Regional Networks of Innovators," *Cambridge Journal of Economics*, 35 (1), pp. 173-198.

Granovetter, M. (1973). "The Strength of Weak Ties," *American Journal of Sociology*, 78, pp. 1360-1380.

Henderson, J., Dicken, P., Hess, M., Coe, N. and Yeung, H. W. (2002). "Global Production Networks and the Analysis of Economic Development," *Review of International Political Economy*, 9 (3), pp. 436-464.

Hildreth, P. and Bailey, D. (2013). "The Economics Behind the Move to 'Localism' in England," *Cambridge Journal of Regions Economy and Society*, 6 (2), pp. 233-249.

Huggins, R and Thompson, P. (2013). "A Network-based View of Regional Growth," *Journal of Economic Geography*, Online.

Hymer, S. H. (1976). *The International Operations of National Firms: A Study of*

*Direct Foreign Investment*, MIT Press. (宮崎義一訳『多国籍企業論』岩波書店, 1979年).

Humphrey, J. and Schmitz, H. (2002). "How does Insertion in Global Value Chains Affect Upgrading in Industrial Clusters?," *Regional Studies*, 36 (9), pp. 1017-1027.

Kauffeld-Monz, M. and Fritsch, M. (2013). "Who are the Knowledge Brokers in Regional Systems of Innovation? A Multi-Actor Network Analysis," *Regional Studies*, 47 (5), pp. 669-685.

Ketels, C. (2013). "Recent Research on Competitiveness and Clusters: What are the Implications for Regional Policy?," *Cambridge Journal of Regions Economy and Society*, 6 (2), pp. 269-284.

Lorenzen, M. and Mudambi, R. (2013). "Clusters, Connectivity and Catch-up: Bollywood and Bangalore in the Global Economy," *Journal of Economic Geography*, 13 (3), pp. 501-534.

MacKinnon, D., Cumbers, A. and Chapman, K. (2002). "Learning, innovation and regional development: A Critical Appraisal of Recent Debates," *Progress in Human Geography*, 26, pp. 293-311.

Mans, U. (2013). "Revisiting City Connectivity," *Journal of Economic Geography*, Online.

Markusen, A. (1996). "Sticky Places in Slippery Space: A Typology of Industrial Districts," *Economic Geography*, 72, pp. 293-313.

Martin, R and Sunley, P. (2003). "Deconstructing Clusters: Chaotic Concept or Policy Panacea?," *Journal of Economic Geography*, 3 (1), pp. 5-35.

Maskell, P. (2001). "Towards a Knowledge-based Theory of the Geographical Cluster," *Industrial and Corporate Change*, 10 (4), pp. 919-941.

Maskell, P., Bathelt, H. and Malmberg, A. (2005). "Building Global Knowledge Pipelines: The Role of Temporary Clusters," *Druid Working paper No.05-20*, Danish Research Unit for Industrial Dynamics (DRUID).

McCann, P. (2008). "Globalization and Economic Geography: The World is Curved, not Flat," *Cambridge Journal of Regions, Economy and Society*, 1 (3), pp. 351-370.

McCann, P. and Ortega-Argilés, R. (2013a). "Smart Specialization, Regional Growth and Applications to European Union Cohesion Policy," *Regional Studies*, Online.

McCann, P. and Ortega-Argilés, R. (2013b). "Modern Regional Innovation Policy," *Cambridge Journal of Regions, Economy and Society*, Online.

Menzel, MP. and Fornahl, D. (2010). "Cluster Life Cycles—Dimensions and Rationales of Cluster Evolution," *Industrial and Corporate Change*, 19 (1), pp. 205-238.

Meyer, K. E., Mudambi, R. and Narula, R. (2011). "Multinational Enterprises and Local Contexts: The Opportunities and Challenges of Multiple Embeddedness," *Journal of Management Studies*, 48, pp. 235-252.

Morrison, A. (2008). "Gatekeepers of Knowledge within Industrial Districts: Who They Are, How They Interact," *Regional Studies*, 42 (6), pp. 817-835.

Morrison, A., Rabellotti, R. and Zirulia, L. (2013). "When Do Global Pipelines Enhance the Diffusion of Knowledge in Clusters?," *Economic Geography*, 89, pp. 77-96.

OECD (2013). *Innovation-driven Growth in Regions: The Role of Smart Specialisation*.

Oviatt, B. M. and McDougall, P.P. (1994). "Toward a Theory of International New Ventures," *Journal of International Business Studies*, 25 (1), pp. 45-64.

Oxford research AS (2008). *Cluster Policy in Europe a Brief Summary of Cluster Policies in 31 European Countries-Europe Innova Cluster Mapping Project*.

Porter, M. E. eds. (1986). *Competition in Global Industries*, Harvard Business School Press. (土岐坤ほか訳『グローバル企業の競争戦略』ダイヤモンド社, 1989年)

Porter, M. E. (1990). *The Competitive Advantage of Nations*, The Free Press. (土岐坤ほか訳『国の競争優位』(上)(下) ダイヤモンド社, 1992年)

Porter, M. E. (1998). *On Competition*, Harvard Business School Press. (竹内弘高訳『競争戦略論 II』ダイヤモンド社, 1999年)

Rimmer, P. J. (1996). "International Transport and Communications Interactions between Pacific Asia's Emerging World Cities," in F. C. Lo, and Y. M. Yeung, eds. *Emerging World Cities in Pacific Asia*, United Nations University Press, pp. 48-97.

Rychen, F. and Zimmermann, J-B. (2008). "Clusters in the Global Knowledge-based

Economy: Knowledge Gatekeepers and Temporary Proximity," *Regional Studies*, 42 (6), pp. 767-776.

Scott, A. J. eds. (2001). *Global City-Regions: Trends, Theory, Policy*, Oxford University Press. (坂本秀和訳『グローバル・シティ・リージョンズ』ダイヤモンド社, 2004年)

Steger, M. (2009). *Globalization: A Very Short Introduction Second Edition*, Oxford University Press. (櫻井公人ほか訳『新版　グローバリゼーション』岩波書店, 2010年)

Storper, M. and Venables, A. J. (2004). "Buzz: Face-to-face Contact and the Urban Economy," *Journal of Economic Geography*, 4 (4), pp. 351-370.

Ter Wal, A. L. J. and Boschma, R. (2011). "Co-evolution of Firms, Industries and Networks in Space," *Regional Studies*, 45 (7), pp. 919-933.

Tödtling, F. and Trippl, M. (2005). "One Size Fits All?: Towards a Differentiated Regional Innovation Policy Approach," *Research Policy*, 34 (8), pp. 1203-1219.

Torre, A. (2008). "On the Role Played by Temporary Geographical Proximity in Knowledge Transmission," *Regional Studies*, 42 (6), pp. 869-889.

Trippl, M., Tödtling, F. and Lengauer, L. (2009). "Knowledge Sourcing Beyond Buzz and Pipelines: Evidence from the Vienna Software Sector," *Economic Geography*, 85 (4), pp. 443-462.

Wei, Dennis. Y. H. (2013). "Network Linkages and Local Embeddedness of Foreign Ventures in China:The Case of Suzhou Municipality," *Regional Studies*, Online.

Wolfe, D. A. and Gertler, M. S. (2004). "Clusters from the Inside and Out: Local Dynamics and Global Linkages," *Urban Studies,* 41, pp. 1071-1093.

# 初 出 一 覧

第 1 章　書き下ろし

第 2 章　経済地理学会関西支部例会 (2013年4月) 発表「グローバル競争環境における地方自治体の国際戦略」，および藤原直樹 (2014)「地方自治体によるクラスターの国際的外部連携にかかる一考察」『経営研究』第65巻第1号 (通巻329号) の第2章および第3章の一部を加筆修正した.

第 3 章　藤原直樹・鈴木洋太郎 (2013)「地方自治体の海外拠点の立地に関する一考察」『経営研究』第63巻第4号 (通巻324号) を加筆修正した.

第 4 章　藤原直樹 (2013)「地方自治体による上下水道事業の海外展開——大都市自治体による取り組みの比較分析」『国際公共経済研究』第24号を加筆修正した.

第 5 章　藤原直樹 (2014)「地方自治体による国際見本市出展施策の論理と特徴」『国際公共経済研究』第25号を加筆修正した.

第 6 章　藤原直樹 (2015)「欧州における地域活性化のための国際的なクラスターネットワーク形成——デンマーク・コペンハーゲン環境クラスターの事例研究」『国際公共経済研究』第26号を加筆修正した.

第 7 章　藤原直樹 (2014)「地方自治体によるクラスターの国際的外部連携にかかる一考察」『経営研究』第65巻第1号 (通巻329号) の第3章をもとに全面的に加筆修正した.

# あ と が き

　本書は，2015年3月に大阪市立大学大学院経営学研究科に提出した博士論文を加筆修正し出版したものである．この論文をまとめることができたのは，社会人大学院生として時間の融通が利かない私の無理を聞き，ご指導いただいた鈴木洋太郎先生，中瀬哲史先生，本多哲夫先生のおかげである．特に，鈴木先生は筆者が学部生のときのゼミ指導教員であり，社会人になってからも継続してお声がけくださった．そして，何年にもわたって大学の閉門時間まで研究室で熱心にご指導いただいた．心よりお礼を申し上げたい．

　修士課程を終えてまもなく国際公共経済学会を紹介してくださった野村宗訓先生（関西学院大学），地方自治体職員として働きながら学ぶことについてご助言いただいた梅村仁先生（大阪経済大学），森信一郎先生（千葉工業大学）ほか，大阪市立大学大学院経営学研究科および創造都市研究科で議論し，ご指導いただいた先生方やゼミの参加メンバー，学会発表や論文査読を通じた研究についてのご助言をはじめ，常に知的な刺激とモチベーションを与えてくださった経済地理学会，国際公共経済学会，日本計画行政学会の先生方，そして，寄せ書きと，筆者にとって生まれて初めての胴上げで激励してくれた前職での有志の方々，諸先輩や元同僚，応援メッセージをくれた方々，お一人お一人のお名前を挙げることは控えるが，心より感謝したい．

　本書の出版にあたっては，追手門学院大学出版会から学術研究書出版助成を受けた．関係者の皆さまにはここに記してお礼申し上げる．

　最後に，仕事をしながら大学院で学ぶ筆者を温かく支援してくれた妻，そして両親に対し感謝の気持ちを示したい．

2017年12月　茨木市将軍山の研究室にて

藤原　直樹

# 索　引

## アルファベット

CEATEC JAPAN　91
EU 2020　20, 103
Government to Business　28, 99, 129, 135
Government to Government　28, 128, 135
Y-PORT 事業　68

## あ行

あいち国際戦略プラン　51
アジア太平洋都市サミット　55
アジア統括拠点　49
アジアにおける地方自治体海外拠点　48
新たな企業間取引の創造　132
案件形成・事業化支援活動　71
暗黙知　17, 32
異質な知識の交換　83
一時的近接性配置　85
一時的クラスター　85, 98, 129
一般目的技術　106
イノベーション　2, 14
インターフェイス　17, 84
インフラ
　——整備　11
　——輸出　61
欧州市場統合　47
欧州地方政府　22
応用技術の共創　106
大阪市経済成長戦略　70
大阪商工会議所　70
大阪の国際戦略　53
オオタ・テクノ・パーク　119
大田区産業振興協会　120

オープン・イノベーション　102
オフィス立地を決める要因　56

## か行

海外現地法人　38, 46
海外事業活動支援　40
海外進出企業総覧　46
海外調査ミッション　74
海外でのビジネス機会創出　62
海外水インフラ
　——PPP 協議会　65
　——整備事業　62
外郭団体　74
外国投資サービス　113
外部性の調整　110
外部知識　16
活動のポートフォリオ　109
ガバナンス　138
雁行型発展　118
韓国・ソウル　44
関西機械要素技術展　93
カンボジア・シェムリアップ　73
官民ネットワーク　74
官民連携　62, 72, 109
起業家的発見　104, 122
企業内分業システム　12
企業誘致　88
北九州市　72
　——海外水ビジネス推進協議会　72
行政運営システム　117
「空間中立」と「場所基盤」政策アプローチ
　　　　124
口コミ　32, 83, 98
クラスター　1, 9, 14, 96, 114, 130

——型ネットワーク　102
——政策　111, 112
——マネージャー　117
——連携　118, 134
グレーター・ナゴヤ・イニシアティブ協議会　125
グローバル
——・シティ　38, 59
——化　1, 5, 130
——競争環境　1, 136
——都市政策　24
——な都市・地域間競争　35
——な分業体制　98
——パイプライン　17, 56, 58, 76, 128, 131
——連結　18
経済交流　37
——拠点　40
ゲートキーパー　17, 18, 25, 58, 81, 84, 96, 129, 131
圏域経営　23
公益性　27
工業団地　12, 119
コーディネーター　130
コーディネート　13
国際環境技術ネットワーク　115
国際競争力　53
国際協力機構（JICA）　65
国際戦略　35, 50
国際的
——新興企業　19, 33, 132
——な外部連携　25, 27, 131, 133
——な生産ネットワーク　13
——な地域産業政策　3, 6, 127
——な外部連携　25, 133
国際展示会　81
国際分業　118, 121
——ネットワーク　2
国際見本市　81, 82, 88, 120
——出展事業の課題　99
——出展の目的と運営形態　97
個別要素技術　70

コペンハーゲン環境クラスター　114
コミットメント　83
コロラドクリーンエネルギークラスター　115

## さ行

サプライチェーン
——ネットワーク　82
——の国際化　102
産業クラスター計画　4
産業構造　1
産業立地論　4, 23, 36
資源の有効活用　53
市場の失敗　11
自治体国際化協会　40
実利を求めるパートナーシップ　56
シナジー効果　108
資本の論理　3
姉妹・友好都市交流　43
社会運営の効率化　27
社会実験　28
集権化されたネットワーク構造　18
集積の利益　23
上下水道事業　61, 128
——海外展開の発展プロセス　75
商工施策　12
情報交換コスト　26
情報
——の外部性　110
——の非対称性　29, 58, 97, 135
シリコンバレー　15
シンガポール　49, 119, 137
——公益事業庁　70
人材育成拠点　40
新成長戦略（基本方針）　63
信用創造　99
信頼　57, 85, 96, 99
水平的ネットワーク　21
スピルオーバー　104, 132
スピンオフ　16
スペイン・マドリッド　113

スマートエネルギー Week　87
スマートスペシャリゼーション　20, 103,
　111
生産の分散化　105
成長のための知識　103
政府開発援助（ODA）　64
世界的な生産ネットワーク　15
世界都市システム　38, 49
潜在的な関係性　107
選択と集中　53
戦略的ポジショニング　109
総合交流拠点　40
相互学習　102
双方向の学習と知識創造　85
ソーシャルキャピタル　23
ソフトな都市間連携　24
ソフトパワー　23

## た行

対面　17
多国籍企業　39, 59
　——論　4
地域
　——の経済循環　13
　——の経済発展と国際貢献　62, 132
　——の知識基盤　104
地域イノベーション論　7
地域間・国家間の戦略的なパートナーシッ
　プ　83
地域間の対話と連携　119
地域経済の構造的変化　104, 108
地域産業政策　1, 4, 11, 130, 137
　——研究　6
地域政策　23
地域統括拠点都市　39
地域独占　61, 128
知識
　——供給者　16
　——経済　2, 5
　——のスピルオーバー　19, 25

——の流通　32
地方自治体
　——の海外拠点　37, 39
　——の海外拠点の立地変化　46
　——のマネジメント手法　116
　——の連携　116
地方自治体海外拠点
　——の機能別分類　41
　——の国および都市別変遷　45
　——の国および都市別立地状況　42
　——の設置状況　43
　——の地理的分布の変遷　45
地方政府間関係　136
中央政府　133
中国
　——・上海　44, 47, 50, 128
　——・大連　73
　——の WTO 加盟　47
駐在員事務所　37
中心国家　38
デンマーク
　——・コペンハーゲン　101, 114
　——経済連盟　115
東京都　66
　——大田区　119
トータルソリューションビジネス　70
都市・地域間競争　3, 9
都市（間）ネットワーク　21, 29, 121
都市の弱体化　32
ドメイン　104, 123
取引コスト　17, 23, 25, 58, 97, 135

## な行

内部組織　30
ネットワーク
　——の理念型　84
　——論　7
　——構造　8, 11, 19

## は行

ハイパーコンペティション　9
パイプライン　33
場所をめぐる勝ち抜き戦　10
パッケージ　63
　——型インフラ海外展開　64
バリューチェーン　105, 123, 124
範囲の経済性　107
半周辺国家　38
販路開拓　90
ビジネスマッチング　69
人や知識・技術のフロー　29
非物質的要素　22
福岡市　54
プラットフォーム　109
　——組織　138
フルセット型産業構造　13
フローの結節点　10
文化・社会交流　37
分権化されたネットワーク構造　18, 26, 132
分権的なネットワーク　56

ベトナム
　——・ハイフォン　72
　——・ハノイ　67
　——・ホーチミン　71
ポートセールス　40
補完性　21, 116

## ま行

マドリッド経済開発庁戦略プラン　113
ミクロの事業環境　14
水ビジネス国際展開研究会　63
目的と手段の合理性　76

## や行

横浜ウォーター株式会社　68
横浜市　68
横浜水ビジネス協議会　69

## ら行

立地環境整備　26
類似参入　104
連携組織　30

（著者紹介）

藤原　直樹（ふじわら　なおき）
大阪府岸和田市生まれ　大阪市立大学商学部卒
2005 年　大阪市立大学大学院創造都市研究科修士課程修了
　　　　　修士（都市政策）
2015 年　大阪市立大学大学院経営学研究科後期博士課程修了
　　　　　博士（商学）
地方自治体勤務を経て
現在　追手門学院大学地域創造学部准教授
主要論文
「地方自治体による上下水道事業の海外展開──大都市自治体による取り組みの比較分析」『国際公共経済研究』第 24 号，2013 年.
「地方自治体によるクラスターの国際的外部連携にかかる一考察」『経営研究』第 65 巻第 1 号，2014 年.


## グローバル化時代の地方自治体産業政策

2018 年 2 月 20 日初版発行

著作者　藤原　直樹

発行所　追手門学院大学出版会
　　　　〒 567-8502
　　　　大阪府茨木市西安威 2-1-15
　　　　電話（072）641-7749
　　　　http://www.otemon.ac.jp/

発売所　丸善出版株式会社
　　　　〒 101-0051
　　　　東京都千代田区神田神保町 2-17
　　　　電話（03）3512-3256
　　　　http://pub.maruzen.co.jp/

編集・制作協力　丸善雄松堂株式会社

©Naoki FUJIWARA, 2018　　　　　　　　Printed in Japan

組版／月明組版
印刷・製本／大日本印刷株式会社
ISBN978-4-907574-17-8 C3036